おきなわ
湧き水紀行

散策・樋川《ひーじゃー》と井戸《かー》

ぐしともこ

ボーダーインク

はじめに

沖縄各地の村々を散策していると深く感じることがある。湧き水（井戸《カー》・樋川《ヒージャー》）は、沖縄の暮らしを、ずっと支え続けてきたのだなぁと。飲み水としてはもちろん、野菜を洗ったり、洗濯したり、農作業のあとに馬を浴びせたり。人々の信仰の対象となるような、古くからある見事な石造り井戸・樋川たちのたたずまいは時を超えた存在感がある。そして実際訪ねてみてわかるのは、湧き水は、楽しい場所だということだ。

私は、以前パーソナリティとして担当したラジオ番組「多良川うちなぁ湧き水紀行」の取材で県内の湧き水を訪ね、多くの方々にお話を伺った。10年間、北は伊平屋村から日本最西端の与那国島まで、水道がまだしかれていない頃の生活の様子や、地域の歴史や文化、自然の大切さ、環境問題、防災・減災のための水の重要性など様々な視点から見えてくることが多くあった。

すっかり湧き水の魅力にとりつかれた私は、番組終了後、湧き水に関する情報収集と発信を目的に、初代パーソナリティのごやかずえさんと一緒に「湧き水fun倶楽部」を立ち上げた。意外なことに湧き水に関心がある人は多く、私の住んでいる浦添市の湧き水マップの作成、湧き水に関する歴史や文化、防災、環境等の情報をまとめた冊子作り、湧き水に関して学ぶ講座やイベントの開催、沖縄の湧き水をカルタにして次世代に伝える試みなど、現在も十数名の仲間達と活動を続けている。

そんな私が、数ある沖縄の湧き水たちのなかからほんのごく一部だけど、お気に入りの井戸、大好きな樋川のことをエッセイとしてまとめたのが本書である。湧き水 fun 倶楽部の活動もふくめて、ピクニック気分で水遊びにいったり、季節の行事に合わせて訪れたりと、今回執筆するにあたって、あらめて湧き水に足を運び過去の取材テープを聞き資料を読み込んだ。字誌や文化財のパンフレットに記載されている情報も大事だが、実際に訪ねた中で、その土地の雰囲気や、話をしてくださった方が大切に思っていること、そして何より私がその場で感じたこと、他の資料には記されていないことをできるだけ残しておきたいと思った。この本を読んで下さった方が身近にこんなにたくさんの湧き水があることを知り、実際に足を運び、五感を通して様々なことに気づき、これからも沖縄の宝として湧き水を大切にし、いつまでも清き水がこんこんと湧く島であってほしい……そんな願いをこの本に込めた。

産みの苦しみ……というほどではないと思うが、気がつくと構想から数年、執筆を初めて3年が経過していた。タイムラグも少々感じられるが、湧き水を使っていた時代へのタイムスリップをイメージしていただければ、これくらいの時間の差はそう大きなずれはないかと思う。

沖縄にある多くの湧き水に出会うきっかけとなって下されば幸いである。

目次

はじめに　1

南部（沖縄島）の湧き水

垣花《カキノハナ》樋川《ヒージャー》　万人に愛される名水　南城市玉城　10
受水《ウキンジュ》走水《ハインジュ》　親田御願で春の訪れを感じる　南城市玉城　15
チチンガー　火と水のものがたり　南城市大里　20
小《ウ》谷《クク》の3つのカー　小谷まーい　南城市佐敷　25
大名《オオナ》ヒージャー　釣瓶おとしの井戸　南風原町大名　30
嘉《カ》手《デ》志《シ》川《ガー》　古の伝説を今に伝える　糸満市大里　35

中部（沖縄島）の湧き水

仲間《ナカマ》樋川《ヒージャー》　水も命も輝く季節　浦添市仲間　44
澤岻《タクシ》樋川《ヒージャー》　お水取り行事への思い　浦添市沢岻と国頭村辺戸　49
ヒャーカーガー　田芋を育む豊かな湧き水　宜野湾市大山　54
安《ア》里《サト》ムラガー　人知れずひっそりとそこに湧く　中城村安里　59
荻道《オギドウ》・大城《オオグスク》　湧水群　湧き水もまちも変わる　北中城村荻道・大城　64
ウェンダカリガー　井戸端会議とまどろむ猫　読谷村座喜味　69
高離《タカハナ》りの井戸群　ついに見つけた「億」のカー　うるま市宮城島　74
犬名《インナ》河《ガー》　結婚、やめちゃおっかなぁ、イチハナリ恋の歌　うるま市伊計島　80

北部（沖縄島）の湧き水

金武《キン》大川《ウッカガー》、慶武田《キンタ》ガー　湧き水fun倶楽部とともに　金武町金武　90

潮平川《スンジャガー》　スイカを冷やした夏の思い出　名護市屋部　95

手水川《ティシミジガー》　「手水の縁」ゆかりの恋物語　名護市許田　100

本部大川《フプガー》　馬が見つけた井戸　本部町具志堅　106

兼次《カネシ》ウィヌハー　ひとつなんて選べない郷土愛　今帰仁村兼次　112

那覇の湧き水

龍樋《リュウヒ》　水を司る龍の謎　那覇市首里　122

佐司《サシ》笠樋川《カサヒージャー》　平和を繋ぐロイヤルデザイン　那覇市首里　128

識名・上間・真地・繁多川のカー　水と共に歩んだ地域　133

シグルガー　羽衣天女が舞い降りた井戸　那覇市銘刈　138
湧田《ワクタ》井《ガー》　今はなき我が家の産井　那覇湧田　143
落平《ウティンダ》樋川《ヒージャー》　海を越えて運ばれた水　那覇市垣花　147

島じまの湧き水

上之《ウィーヌ》井戸《カー》　泡盛造りにも使われる美味しい水　伊平屋村島尻　156
阿嘉ウフガー　若水汲みの情景　座間味村阿嘉　161
嘉《ガ》手苅《ティガル》川《ガーラ》　松明を灯し身を清めた水　渡嘉敷村渡嘉敷　166
ムイガー　姉妹より聞く物語　宮古島市城辺　171
ヌクの湧き水　日本最西端の湧き水たち　与那国町　176
おわりに　185

南部（沖縄島）の湧き水

垣花《カキノハナ》樋川《ヒージャー》

万人に愛される名水　南城市玉城

先日、友人とふたりでひょんなことから垣花樋川に行ってみることになった。

おしゃべりをしながら助手席に座り運転を任せていたら、石畳道の上にある駐車場に到着した。垣花樋川へのアクセスは3か所あると思うのだが、仲村渠樋川のそばを通り抜けその奥にある駐車場に停め、馬浴《ウマアミシ》に通じる道が一番楽なので、私はほとんどその道を選択する。馬浴は、馬を浴びせた場所だが、馬に水をのませたり、馬を洗ったりした場所ともいわれる。

ちなみに下の方から上がってくる道もあるようだが、私は通ったことがない。湧き水をあちらこちら散策するのが好きな友人なのでてっきり知っていると思っていたのだが、彼女は石畳の急坂が100メートル続く正規のルートしか知らなかったらしく、素直にそこに車を停めたのである。

まぁたまには石畳を上り下りして、水汲みをした時代の人々の心境に思いをはせるのも悪くないと思い車を降りた。が、しかし、石畳道に一歩足を踏み入れた途端、ふたりとも「そっかー」と顔を見合わせた。1時間ほど前に雨が上がったばかりだった。石畳はまだ濡れている。すべる。かなりこわい。でも、引き返そうと言わないところが気の合うところ。ふたりはこれも楽しみのひとつとばかり、そのまま石畳をゆっくりと下った。

すべりそうになると岩につかまり、木につかまり、地を這う水道管につかまり、「昔、水汲みをした人は大変だったんだね〜」「でも、昔は草履か裸足じゃない。靴だからすべるんだはずよ」等、口だけは相変わらず元気で時間をかけて慎重に降りていった。70歳手前の彼女は信じられないくらい身のこなしが軽い。40代なかばの私はその後ろをへっぴり腰でついていく。誰かに見られていたら絶対に恥ずかしい。

途中、彼女がずいぶん先に行ってしまったので、ナカユクイ石と呼ばれる一休みするための岩に腰かけてあたりを見回した。クワズイモの大きな葉に残った水滴が、少し顔をのぞかせた太陽の光を浴びてキラキラ輝いている。背の高い木々の間から蔦が垂れ下がり、森の中にいるようだ。アカハライモリらしき小動物がサササと前を横切った。なるべくじっとして自然に同化するように静かにしていると私も少しだけ仲間に入れてもらえたようで、こんな日に訪れてみるのも悪くないと思わぬ発見をした。

真冬の雨上がりの月曜日の午後、ここに来る物好きは私たちだけだと思い込んでいたら、先客がいた。先に下った友人が、「おひとり?」と誰かに声をかけているのが聞こえた。下りてみると、友人と先客の女性は馬浴のそばに生えている木の下にあるベンチに腰掛けおしゃべりしていた。「こんにちは」と声をかけ、仲間に入れてもらう。

彼女は時々、こうしてひとりでここを訪ねては、ただ水を眺めてぼーっとするのが好きなのだそうだ。もう数えきれないほど来ていると言う。私も時々訪れるが、考えてみると冬場に来たのは初めてだ。石樋から流れ落ちる水は、夏場に来ると水の玉をあたりに飛び散らせるほど勢いがある。冬に見る樋川の水はその半分ほどの水量ではあるが、絶えることなく落ちていた。

「冬場はやはり水は少ないですかね」とたずねると、「そうですね。冬はこんな感じですかね」とおっしゃっていた。

垣花樋川に設置されている案内板には、天然の美しい川や泉を保全して後世に伝えるという目的で推薦され、昭和60年に環境庁の全国名水百選に選ばれた泉であること、百選の中でも最初は全国で31か所だけ選ばれ、その中にも入っていることなどが紹介されている。

夏場は保育園児や、老人会、地域のバスツアーなどで訪れる団体客がいたり、個人や家族連れなども多く見かける。でもゴミが落ちていたり、汚されている形跡は見たことがなく、訪れる人も神聖な場所であることを十分理解しているのだと思う。私も訪れた際は必ず樋口のそばにある拝所《ウガンジュ》に手を合わせている。

垣花樋川全景

シチャンガー（イキガガー）

夏場、樋口の下に立ち両手を胸の前に合わせ目をつぶり、滝に打たれる修行僧の真似をしている子どもの姿を必ずといっていいほど見かける。小学校低学年くらいまでだとちょうどいい高さで頭の上に水が落ちてくる。気持ちいいだろうなぁ。大人になるとさすがにできないのでいつも見ていてうらやましくなる。知り合いのお子さんがその様子を描いた夏休みの宿題の図画が賞に選ばれ、自分のことのように嬉しかった。

訪れた人たちは気軽にこの水を利用するために持ち帰る光景も見られる。一度はあの石畳道を空の一升瓶6本入れた木箱を担いで下りてきた男性がいて話を聞くと、お酒を割る水に使うのだと言っていた。

知人のホームパーティーに招かれたとき、コンソメスープが美味しかったので訊ねてみると、市販のコンソメブイヨンを使っているからそれほど変わった味ではないと首を傾げつつ、「あ、垣花樋川のお水を使っているのよ」と教えてくれた。以来、私も出かけるときにはペットボトルを持参して水を持ち帰り、お料理に使ったり、コーヒーを入れたりして楽しんでいる。

名実ともに県民に最も愛されている名水である。

受《ウキンジュ》水走《ハインジュ》水

親田御願で春の訪れを感じる　南城市玉城

旧暦初午の日に沖縄の稲作の発祥地といわれる湧き水、受水走水の伝統行事「親田《ウェーダ》御願」を見に行った。毎年、報道で目にするたび「あ～行きたかった」と後悔するので、去年の手帳の最後にメモをしてあったのが功を奏した。この行事は南城市玉城仲村渠区が執り行うと聞いていたので、そこに住む知人の新里さんに確認をし開始時間を教えてもらった。

出かけてみるとすでに人だかり。地域の人をはじめマスコミや近くの百名小学校の子どもたちも地域学習で訪れていた。地域外から来ている知人もいたので、この行事の日程をどのように知ったのかと尋ねてみると、役所に問い合わせたという。

はるか昔、中国大陸から稲穂をくわえてきた鶴が落ち、そこから芽が出たと伝えられている米地、その近くに湧く「受水走水」、水が注ぐ「親田」の各拝所を、仲村渠区民の代表らが拝んだ後、供え物のひとつとして携帯していた月桃の葉に包んだ砕かれた米を、役員らしき男性が地元の青年3人の額に少しずつつけていく。後で知ったことだが、これは今日の田植えをする青年を任命する儀式のようなものらしい。その役は前もって決まっているわけではなく、集まった仲村渠区民の中からその場で選ぶのだそうだ。その中に知人の新里さんがいた！　初めてこの行事を見る私にとっても幸運だった。後で聞いた話によると新里さんは田植え初体験だったとか。将来を担う若者の代表として選ばれた3人の表情は誇りと喜びに輝いていた。

「親田」は広さが約20平方キロメートル。選ばれた青年3人が横一列に並び、豊作と健康を願い、稲を植え付ける。周りを取り囲むように200人ほどの人たちが見守っていた。

校外学習として見学に来た小学生たちは、見るからに浮かれていて、田んぼを覗き込みながら少し落ち着かない様子。「田んぼに落ちたら、お前たちも田植えするぞ〜」と引率の先生が冗談ぽく言ったので、子どもたちは笑って「いやだ〜」と言いながらも大人しくなった。落ちたらお前たちも田植えをする側になるのか、落ちたお前たちを田んぼに植えるのか？　きっと後者のニュアンスだろうと、ひとり想像して可笑しくなり一緒に笑ったら、そばにいた女の子がひそひそ声で「中に入ると気持ちいいかもしれませんが、きっと大変ですよね〜」と大人同士のような会話になって面白かった。

青年たちは緊張の面持ちで足場の悪い田んぼの中、中腰で苗を植えるのに40分近くかかっただろうか。時々疲れを見せる彼らに、地域の長老たちは田んぼを見下ろす形で指さしながら

「あそこが曲がっている」とか「もっと深く植えろ」とか、「苗の束が多いから少なくしろ」等、文字通りの上から目線でどんどん厳しいことを言っていく。大切なことを経験者が伝えていくことは、昔はごくあたりまえの光景だったはずだ。このような儀式は、命や暮らしを守るために必要なノウハウを伝える役目を果たしていたにちがいない。だからこそ伝える側も受ける側も真剣でなければ許されない。現代の社会は、本来は上の世代から伝えられるはずのことを伝えてもらえる機会もなく、受ける側も余裕がなく、他のことが優先されていくうちに、お互い混乱に陥ることも多いのではないかと感じる。

青年たちが真剣に田植えをしている様子を間近で見ていた少年3人組のひとりが「大人になったら3人でここに来ようなぁ」とつぶやくと、あとの2人も田んぼを見つめながらうなずいた。大人になったら俺たちが植えてやるぜ！と心に決め友情を誓い合っただろうか。

そういえば、受水走水は、私も小学校の頃、遠足で訪れた記憶があるが、それ以上のことは覚えていない。こうして大人になった今、改めて知ることがあることを思うと、子どもたちに地域行事を見せておくことの大切さもわかる。

無事田植えが終わると、近くの「祝毛《ユーエーモー》」へ移動し、区の代表者たちが四方に向かって五穀豊穣の祈願をし、その後、輪になって神酒を酌み交わす。小学校の子どもたちには似たものという意味か「カルピス」が振る舞われ、揚げ豆腐や青菜の煮物などちょっとした食事も区民から提供されたようだ。

それがひと段落すると、稲作の手順を歌った「天親田《アマウェーダ》のクェーナ」についての説明が行われた。この歌は1番から47番までの歌詞があり、泉の湧くところを見つけて、田んぼを作り種を発芽させ、苗を植え、3月、4月、6月……と農作業の手順が歌われているという。

この場では座って歌うので坐グェーナといい、集落に戻るときに歩きながら歌う立グェーナもあるそうだ。この歌を聞いて地域の人たちは今年の稲作が始まったことを知る。歌は伝承と伝達の役割も果たしていた。

正月のことを「初春」というが、旧暦でみるとその頃は、稲作の始まる時期、沖縄では春の訪れだったのではないだろうか。だとすればこの上ない喜びである。

受水（ウキンジュ）

親田御願の田植え　2015年2月23日

チチンガー

火と水のものがたり　　南城市大里

大里城跡で「影絵の夜」という催しがあるのを知り興味を持った。タイムスケジュールを見ると、夕刻から城跡内で影絵劇の公演があるという。その上、始まる前には大里城跡の中にあるカニマン御嶽《ウタキ》とチチンガー（井戸）を巡るツアーがあるではないか！　行く‼　そう決めて早々にチケットの予約をすませ、チラシを壁に貼りその日が来るのを楽しみに待った。

当日、ツアーご希望の方は午後5時までに来てくださいとチラシに書いてあったので、早めに家を出る。30分も早く会場に着くとピクニック気分で準備してきた敷物を引き、サンドイッチを頬張りながら辺りを眺める。小さい頃、よく親に連れて来てもらった懐かしい場所。何もないだだっ広い芝生。その隅っこにある小さな舞台。赤瓦の屋根付きで背景の壁に「城(Gusuku)」と書かれた文字もあの時のままだ。

北側の石段を上ると眼下には勝連半島まで見渡せる眺めのよい場所がある。案内板には、当時は、勝連城、中城城、浦添城、首里城を見ることができたと記されている。傍には見覚えのある展望台。小学生の頃、御清明《ウシーミー》の帰りに親戚みんなでドライブをして一緒に景色を眺めた場所だった。こんなに小さかった？　夕刻のオレンジ色の空に白い穂が揺れる、美しい秋の光景。私の時計が勢いよく巻き戻る。祖母も一緒に訪れた。つい昨日のように思い出される。

5時になると広場の中央に人が集まり、いよいよ御嶽とチチンガーを巡るツアーが始まった。案内人は南城市教育委員会の学芸員の方。影絵劇の中に出てくるカニマン御嶽とチチンガーをあらかじめ見ておくと内容が深く理解できるのでは、という粋な計らいである。子どもたちも含めて数十名が集まった。

大里城跡は、島添大里《シマシーおおざと》グスクという名称で南城市の史跡として指定されているそうだ。14世紀頃、当時の島尻地域を支配していた武将、島添大里按司《アジ》によって築かれた城。オオタニワタリやクワズイモ、クバ等が生い茂る間に走る獣道を一列になって進んでいくと西側にあるカニマン御嶽に着いた。カニマンとは鍛冶屋の職人のことで、ここは鍛冶職人を祀った御嶽だと考えられているそうだ。火と鉄を使って農耕具が作られ、それが地域の発展につながった。

次に向かったのが、大里城跡公園に隣接するチチンガー。ここは城の中ではなく「外」にあることをあえて強調しておきたい。

チチンガーは城との関係から14世紀頃からあったと推定される古い降井戸《ウリガー》だ。清水の湧くよい井戸で、伝説によると城の外にあったこの井戸を取り込もうと城壁で囲んでしまうと水が涸れてしまったのだそうだ。城壁を取り払うと水が湧く。「包《チチ》まらんカー」が「チチンガー」と呼ばれるようになったという名前の由来である。

チチンガーは城の井戸ではなく、村の井戸なのだ。かっこいい。胸を張っているような井戸の様子が目に浮かぶ。権力に屈せず民衆でありつづけることを望んだチチンガー。静かだけど、誇り高い。したたかな強い意志を感じる。

海抜149mのこの場所から、43段の石段を使って80mほど下りていくチチンガーには今も豊富に水が湧いていた。周りを囲む石積みもみごとである。脇にあったひしゃくで水を汲んでみると、透き通ったとてもきれいな水だった。

影絵劇のストーリーにカニマン御嶽とチチンガーがどのように登場してくるのか、とても楽しみだ。物語は火が生まれるところから始まる。火は何もかも燃やし尽くす醜いものでもあり、暖かさをもたらすやさしいもの、そして鉄と結びつき道具を作る。そして、クライマックスで、火の帰る場所は？　という問いかけに、井戸が登場する。勢いをもった火の帰る場所は水である。言葉をできるだけ少なくしたという演者の意図から私なりに解釈したのはこのようなストーリー。たぶん、見る人によっていくつも解釈があっていいのではないかと思う。

大きな白い布に映し出されるモノクロの世界。竹琴や民族楽器を使った演出、地響きにも似

チチンガー

た湧きあがるような声も印象的だった。

東日本大震災の被災地を視察に行った方から聞いた話を思い出した。地元の人たちがとても悔しいと思ったことのひとつに、目の前に広がる炎を消すための水がなく、ただただ勢いよく燃える火を呆然と見つめるしかなかったという話である。水は大切だ。飲み水なくして人は生きられない。そのことは知っていたけれど、火を消すための水の大切さを改めて知ったと。これを教訓に地域の防火用水にもなる井戸や池、川の水をもっと大切にしなければ、と語気を強めておられた。

勢いを増す火の帰る場所がなくなると、すべてが焼き尽くされる。今こそ地中深く静かに脈々と水が湧き続けるチチンガーのような、火の帰る場所を大切にしなければと思う。

小谷《ウクク》の3つのカー

小谷まーい　南城市佐敷

11月「南城歩く小さな旅」という南城市商工会の主催「小谷　井戸や石畳道散策コース」に参加した。当日はたくさんの人が集まり、3つのグループに分かれ出発することに。受付の際に地図と竹のグーサン（杖）を渡され、老若男女、子どもたちまでそれぞれが杖を手に、参加者全員が水戸黄門様になったみたいで楽しくなった。

南城市小谷（旧佐敷町）は、竹細工の里として知られている。「こたに」ではなく「おこく」と呼ぶ。方言では「ウクク」。私の知り合いに「小谷《こたに》さん」という人がいるが、お父さんはここの出身地だそう。沖縄では姓と住んでいる場所が一致しないイメージがあるけれど、小谷《おこく》の小谷《こたに》さんは存在している。

いよいよ出発。集合場所の近くにある石畳前から地元ガイドの案内で小さな旅が始まった。かつて、山から土砂が落ちるのを防ぐために造られた石畳は集落のいたるところに見られたが、車が増え始めた１９７２年ころから、その数を減らしていき、今はここだけになった。１９７２年というと復帰の年。その頃から沖縄の人たちの暮らしや風景はどんどん変わっていったのだろう。

戦争慰霊塔、土地の神様を祀ってある土帝君《トンティンクー》を周り、昭和12年に造られたヒンプンの前を通る。鉄筋はなく竹を入れて造ったそうだ。そういえば山原などで、戦前に造られた竹筋の水タンクを時々見かけることがある。石造りから手軽に用いることのできるセメントに移行された頃は鉄ではなく竹での骨格。今も形が崩れていないというのはすごい。セメントに混ぜる砂が海の塩を含み、鉄は錆びるが、竹には影響ないのか……そんなことを考えているうちに、一行は美女が恋人を待っていたといわれる「美ら石」を通り、竹細工の実演場所に向かった。

かつて「ウククバーキ（小谷細工）」といえば美しく丈夫なことで知られていた。実演をされているのはこの技術を持っている唯一の方で、息子さんが継ぐために一緒にされているそうだ。息子さんは一本の竹を縦に割り、カゴを編めるよう加工し、お父さんが投げ出した自分の足で押さえながらもくもくとカゴを編んでいる。集落内にジャンクビリ道という山道があり、当時、村の人々はそこを通って糸満まで竹細工を売りに行き、帰りにそばを食べることが何よりの楽しみだったようだ。

「希望者がいれば少しだけその道をのぼってみましょうか?」というガイドの問いかけに、ほ

中の井（ナカヌカー）

下茂の井（シムヌカー）

とんどが手を挙げたので山道に入ることになり、竹のグーサンがとても役に立った。一歩ずつ踏みしめる山道。木々の間から木漏れ日が差し、鳥のさえずりだけが聞こえ、ただひたすらに前に進む。静かな時が流れた。

余談になるが、近年、クリスマスの時期に、小谷では、一万個の灯りのイルミネーションの飾りつけが、年末の風物詩になっている。夜は灯りしか見えないので気が付かなかったが、シンボル的な星がつけられそうなツリーのてっぺんに、バーキが2つ丸くなるように飾ってあり面白い。スージ小を照らす手作りの竹の灯篭も一味違った演出で、地元の人たちの地域への愛着が感じられる。

昔懐かし赤瓦屋根の古民家で一休みし、冷たいお茶と地元特産のお菓子を頂く。地域の方たちが歌三味線で迎えてくださり感動した。昔ながらの集落や文化を大切にすることで人に安らぎを与えられるということは、貴重なことなのだろう。今でもご自宅の井戸を利用されている家庭があり、特別に見せていただいた。透き通った水で散水や雑用水、畑の水に今も使われていた。小さなアタイ小には青々とした葉野菜が植えられ、おいしそうだった。この野菜は湧き水をかけているので味が違うという。

いよいよ小谷の3つのカーへ向かう。

初めに訪れたのは小谷で一番高いところにある「上の《ウィーヌ》井《カー》」。産水や若水を汲むカーで水道ができる1974年頃まで飲み水に使われた。緩やかな坂を下るとそこには「中の井《ナカヌカー》」が。明治の後期に造られた最も新しいカーで、洗濯や芋を洗う際に利用された。水を汲む場所から少し離れた所に長方形の水ためがあり、ここはかつて横に3人ほど座りおしゃべりをしながら洗濯をする水量がみられたようだ。水は高いところから低いところに流れるので、小谷のように集落自体に高低差があり水が豊富な地域は、上を飲料水、下を雑用水とうまく使い分けをしていたようだ。それがよくわかる県内でも貴重な湧き水といえる。また更に下のほうには「下茂ノ《シムヌ》井《カー》」と呼ばれる小谷で最も古いカーがある。自然石が水場をふたつにわけていることから「夫《ミー》婦井《トゥガー》」とも呼ばれていた。男女が一緒に水浴びに来て、左右に分かれて浴びたのでは……という説明にお風呂屋さんみたいと思った。このカーは知念城の城主、知念按司の息子が造ったといわれており、彼は小谷の女性と恋仲になり子どもが生まれたという伝説もある。

最近は各市町村が地域のガイドブックを発行したり、地元ガイドが案内する地域めぐりの企画を時々見かける。昔使った地域の湧き水は人気のスポットで、かつてのムラガーが地域の観光資源にもなっている。これからも大切にし、地域の宝として活用され、たくさんの人が訪れる場所になってくれれば、湧き水もきっと喜ぶに違いない。

大名《オオナ》ヒージャー

釣瓶おとしの井戸　　南風原町大名

旧暦の大晦日。南風原町にある大名ヒージャーを訪ねた。

県道240号、与那原から首里に向かう幹線道路から少し入った場所にあるが、住宅地の一角に、まさにひっそりとその姿をとどめている。井戸のある場所に行くと、現代から少し離れ、タイムスリップしたような気分になる。

直径は1メートルほどで、資料によると水深4メートル。上からのぞくと無色透明で水は澄みきっている。左側に金属製の釣瓶があったので汲んでみる。沖縄の方言では釣瓶のことを「チー」という。釣瓶というと滑車で引き上げるイメージがあり、もちろんそのような井戸もあるが、沖縄では紐をつけて手で繰り寄せ水を汲む井戸が多かったようだ。

井戸の縁をよく見ると、あるところだけアルファベットのVの字、またはU字型に深くえぐれている箇所がある。これは水汲みの際、釣瓶をつけた紐をたぐり寄せる際にできた溝である。

大名ヒージャー

固い石がえぐれるくらい何度も何度も引き上げられた水の重さ、人々の労働が垣間見られる。私はそこにそっと手を触れ石の記憶をたどるように思いをはせる。

こちらの井戸はかなり深い所に水面があり、釣瓶をおろして水を汲もうとすると、釣瓶の口が上を向いて一向に水が汲めない。水汲みは容易ではない。当時の人達にはやはり工夫があったのだろう。釣瓶の口を傾むけ、そこからいったん水を入るとその重さで上手く汲み上げることができる。習うより慣れろ。私は釣瓶をできるだけ斜めに着水させるように何度かやってみるのだが、ていねいにするほど、釣瓶の口は上を向く。これでは仕方がないので少々手荒ではあるが、「バシャン」と音がするくらい勢いよく水面めがけて斜めに釣瓶を放り込む。いろんな方からお話をうかがっていると、この方法でうまくいく人と、乱暴に釣瓶を扱い壊してしまう人がいるという。私は明らかに後者のほうであろう。力任せではなく、やはりコツがあるようだ。

中には紐が切れてしまい釣瓶を落としてしまう人もいたようだ。当時、結構な値段の釣瓶を落とせば村中の大問題に発展しかねない。はしごで井戸の中まで降りる、長い竿の先に引っかける金具を取り付け水の中を探る、といった方法で取り出すこともあったようだが、仕方なくほっておかれ、大掃除の時に回収することも。

紐は藁と思いきや「藁ではすぐに切れるからシュロを使った」という話もある。聞けば聞くほど、道具の話は興味深い。自然にある物を生活に上手く利用した知恵には、現代人にとっても命を守る情報が詰まっている。ある日突然、災害などで物が手に入らなくなったら……と考えると昔の生活に学ぶ意義は大きい。

金属製の釣瓶に替わる前はクバの葉を使って釣瓶を作ったという。クバの釣瓶にサンゴのかけらが結んであるのを見たことがある。軽いクバの葉ではやはり水に浮いてしまうので重りをつけて水を汲み入れる工夫があった。先日出かけた離島フェアの与那国島のブースで、クバの釣瓶づくりを実演販売していた若い男性がいた。話を聞くと結構売れるようだ。

「今は何に使っているのでしょう?」と伺うと、「花入が主ですが、最近はプレゼントをするときにこれに詰めて渡すことも多く喜ばれているようです」との答え。素敵だろうな……私ももらってみたい。ちょうど湧き水fun倶楽部の忘年会の景品を探していたところだったので、クバの釣瓶を購入した。忘年会の会計を一生懸命してくれたKさんに当たって私もうれしかった。次回は自分用に是非購入したいと思う。

湧き水にまつわる話を聞く仕事を始めたときには、沖縄の方言をほとんど知らずに苦労した。まずは話を聞くのに、現在は使われていない道具に関する単語から覚えた。ウーキ（桶）、チー（釣瓶）、ニーブ（ひしゃく）、カーミ（水を蓄える瓶）、シチタンバクー（おそらく石炭箱のこと。それが石油缶→一斗缶と替わり、水汲み道具に。一斗缶を左右にひとつずつ天秤棒で担いだ水汲み道具のことだと思う）、タレー（たらい）、ビンダレー（洗面器）。

ちなみに先ほど紹介したクバの葉で作られた釣瓶は「ウブル」と与那国の水汲み道具として紹介されている資料を見かけた。この「ウブル」は、井戸などから水を汲む以外に、海人も利用しており、舟の中に入った海水をかき出すのにも使ったようだ。糸満の海人《ウミンチュ》博物館で、それに使う木製の道具を見かけたことがあるが、クバの釣瓶も利用されていたというのは初耳だった。

かつて生活の中心となった共同井戸が今も残っていることは幸いだ。その場に立つこと、触れてみること、当時の生活を知る人に話を聞くこと、実際に生活で使ったように体験してみること、その体験は歴史や文化を受け継ぐために多くの役割を果たしてくれる。井戸は宝だ。歴史的にも文化的にも。自然も環境もその井戸を中心に守ることもできる。そして万が一の災害に備えて、是非、身近な井戸に多くの人が感心を寄せ足を運んでくれることを願う。

嘉手志川《カデシガー》

古の伝説を今に伝える　糸満市大里

糸満市地域活動支援センター主催の「大里・嘉手志川から地域自治を考える地域円卓会議」に参加した。嘉手志川は、1日あたり300～400トンの水が湧く水量の豊富な湧き水。玉城和信・長嶺操著『ふるさと糸満市発見』によると糸満市内だけでも110の湧き水が存在していることがわかるが、その中でも最も有名な湧き水といえるだろう。大干ばつの時、ずぶ濡れになった犬を頼りに発見されたという伝説が残り、1950年頃から地域の簡易水道の水源として利用され、米作りが盛んだった地域の農業用水としても活躍していた。洗濯や農作業を終えた後の水浴び等、いつも地域の人たちで賑わう場所だった。

今でも夏場には必ずと言っていいほど、地域の子どもたちが遊んでいる。深いところでも50センチくらいの浅いプールのような大きな水ためは、子どもたちが安心して遊べる。現在は湧き口を覆った建物の屋根が立派な赤瓦になっているが、少し前まではコンクリートで平たく、唇が紫色になるまで水に浸かり寒くなると、子どもたちは屋根の上に寝転がって太陽の光で体を温めている風景をよく見かけた。上水道が完備された後も、豊富な水とあの広い水ためはカーペットや簡易の絨毯など、大きな物を洗うのに重宝と地域のご婦人方が利用しているのを見かけたことがある。水ためのそばには洗濯物をかけて乾かす場所が今も残る。

円卓会議には大里区長をはじめ、地域の方々、嘉手志川に関心を寄せる人等多くの方が参加した。議題は、平日は地域の利用者が主なのに対し、週末や連休などにはそれが逆転して地域外の人たちが多く訪れるが、その際にゴミや駐車場の問題が起こっている現状をどうしたらよいかというものだった。

少し離れたところに自治公民館があり、そこの駐車場を利用してもらうよう案内をしているのだが、小さい子どもを連れた人が多いせいか、嘉手川の周囲に車を停める人がほとんどで、交通の妨げになり住民は困っている。地域で野菜を作っている人も多いので、公民館で野菜の販売をするなどの市《いち》を企画し、公民館に寄るメリットを考えるといいのではないか？　などの案も出て、地域の活性化にもつながる活発な意見がやりとりされた。ゴミに関しては、地域の子どもたちが手作りの看板などを設置しているが、やはり週末はなかなかゴミが減らないようだ。議長から湧き水 fun 倶楽部の代表として意見はないかと促された私は、ひとつだけ感じたことをお話しさせてもらった。

沖縄において、水の湧くところはほとんどと言っていいほど、祈りの対象になっている。傍に拝所があったり、地域行事の中に水に感謝する儀式が残っている所も多い。こちらにもそのような行事があるのかと質問させていただいた。もちろん、自治会で拝む行事が今も続いていると区長さんはお話しされていた。そのような神聖な場所に、ゴミを捨てることができる人はほとんどいないのではないかと思う。ここは区民の大切な「祈りの場」であることを、区外の人たちにも知ってもらえる工夫をするといいのではないかと提案した。

後半、議論は円卓の発言者を取り囲むフロアも巻き込んで熱く熱く盛り上がった。湧き水を通して、地域自治を考えるというこの企画は、地域を愛する人々がまだまだ多くいることをそれぞれが知るいい機会になったのではないかと思う。

会議が無事終了した後、私はふと思った。嘉手志川といえば、昔、この地域を治めていた南山王他魯毎《たるまい》が、中山王尚巴志の持つ金屏風を欲しがるあまり、この嘉手志川と交換し泉を失ったことで、南山は滅んだといわれているが、その話が一度も語られなかったことに疑問を感じた。水の大切さがとてもよく伝わるいい教訓話だと思っているので、湧き水fun倶楽部での講演や講義などいろいろな場面でこの話を用いる。これだけ地域のことを知る人たちが、嘉手志川のいろいろな話題を議論したにもかかわらずこの話が一度も出なかったのは不思議だ。誰もが、その話を真っ先にしそうなくらい有名な話なのに。

円卓会議が終わり、スタッフの打ち上げにも参加した。その時、初めて地元の方から「他魯《たる》毎《みぃ》」と名前が出た。地域の人たちの信頼を得ることができなかったリーダーを例えたようだった。公の場ではほとんど口にしないが、ごく身内で反面教師を揶揄する場面に使われたことに、これまた地域への愛着を感じずにはいられなかった。「人は失敗した時にはじめて個性が出る」という言葉を最近耳にしたのだが、まさに他魯毎は、嘉手志川と共に今も地域の人の心に残る個性豊かな人物なのだ。他魯毎の物語を通して、嘉手志川を大切にするいいアイディアが、地域の人たちから出てくれるといいなぁと、私は心秘かに願った。

糸満市には嘉手志川をはじめ、与座ガー、照屋樋川、字糸満のシリーガー他、今も地域の人たちに見守られている湧き水が多く残っている。是非、訪ねて地元の人たちに話を聞いてみると、より身近にその湧き水を感じることができるのではないかと思う。

嘉手志川

南城市玉城
垣花樋川

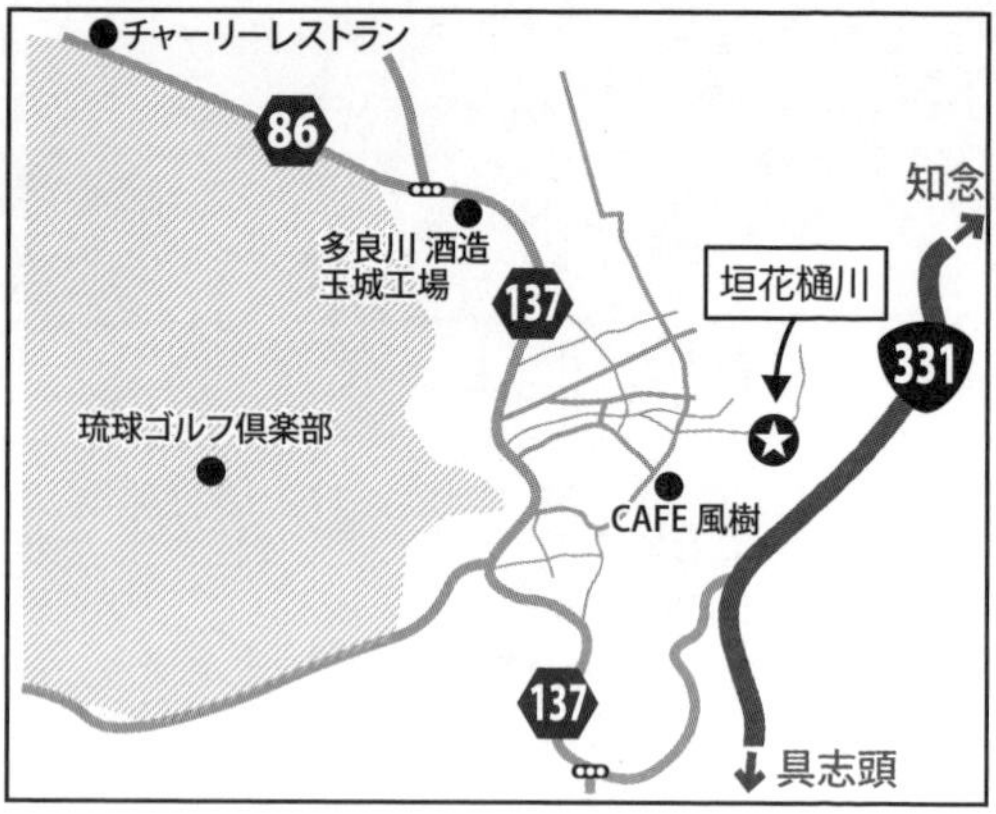

南城市玉城
受水走水

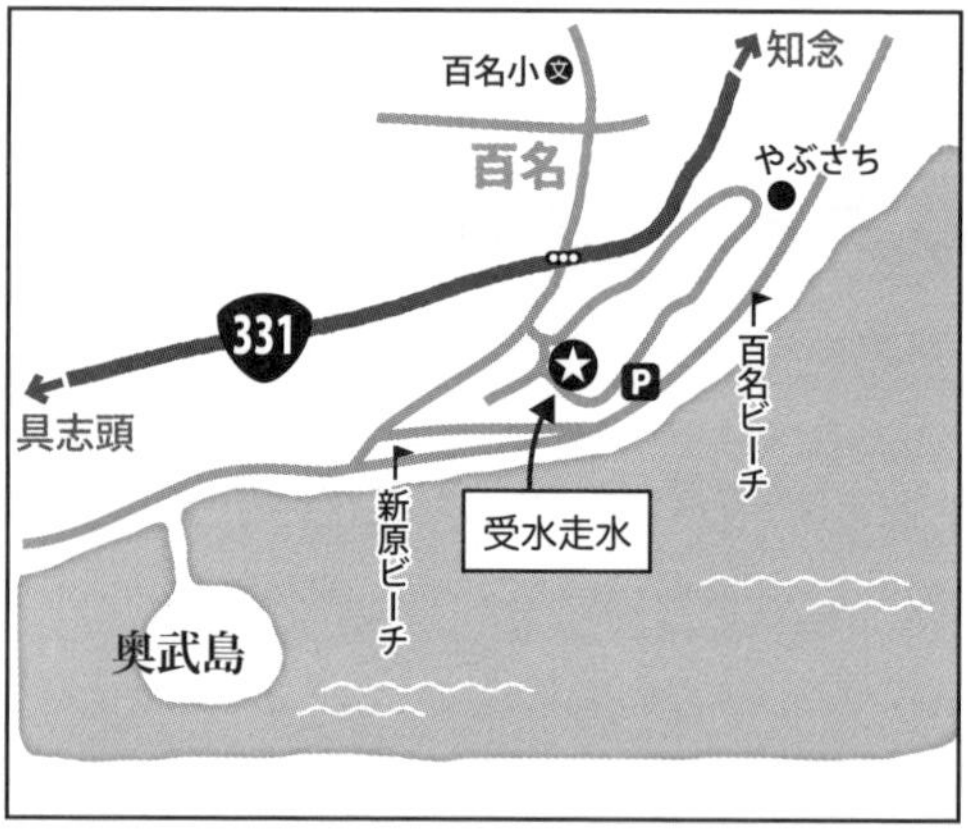

南城市大里
チチンガー

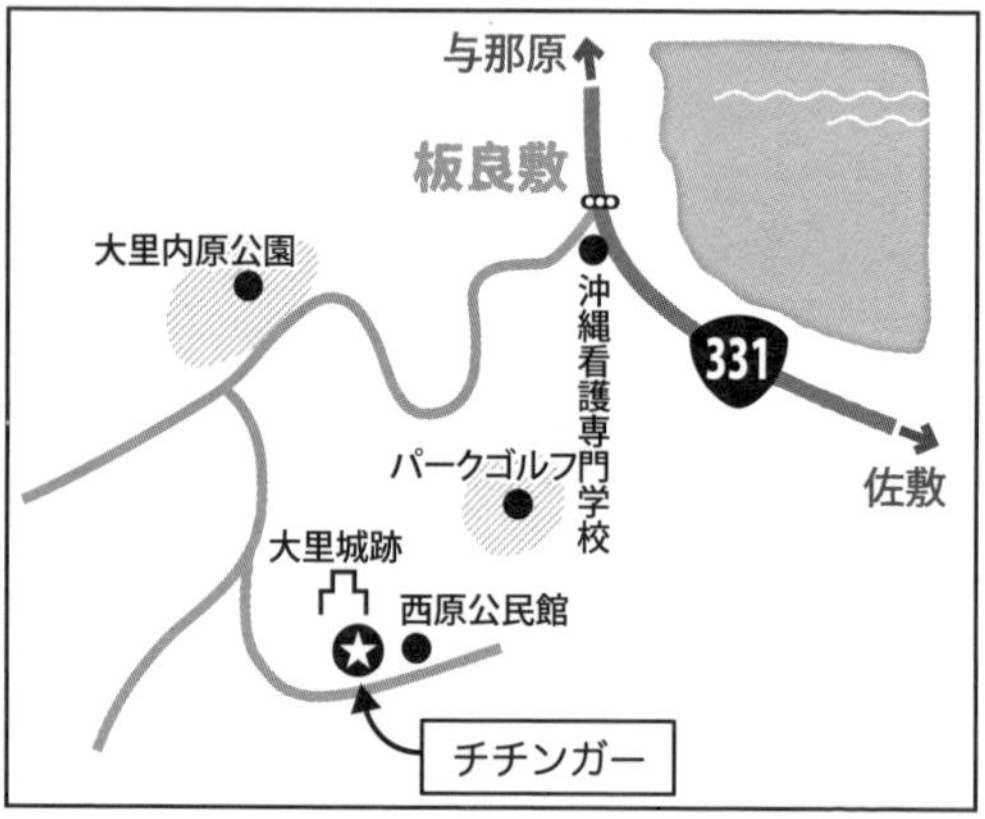

南城市佐敷
小谷の３つのカー

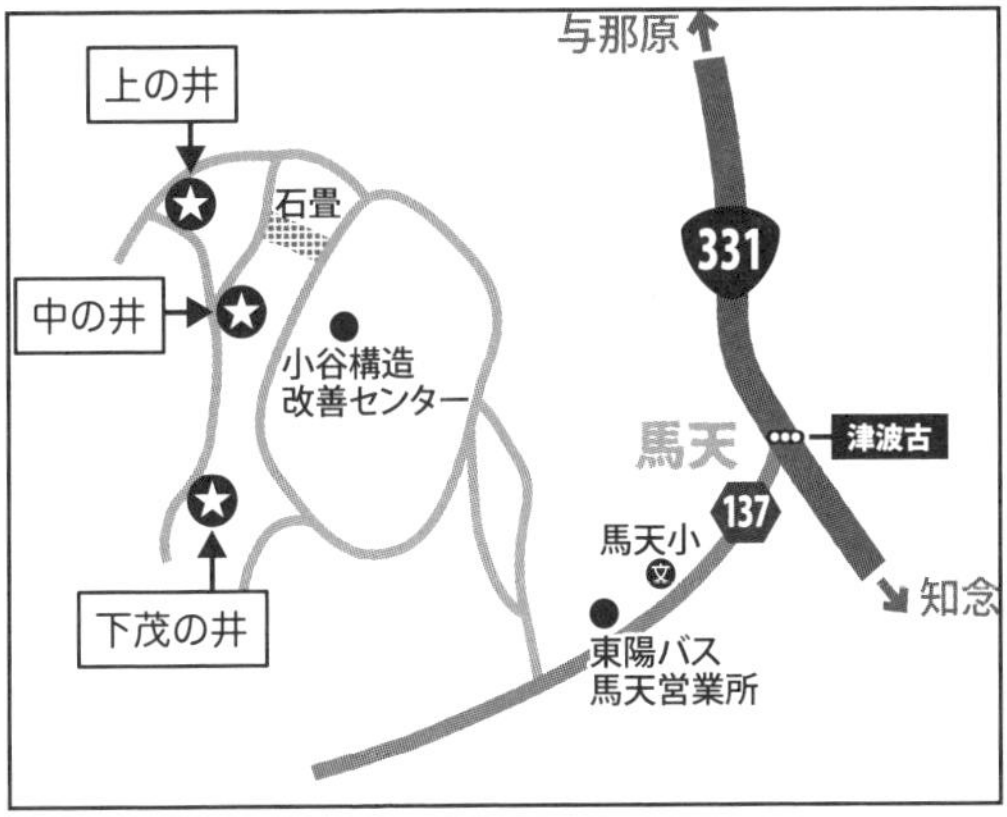

南風原町大名
大名ヒージャー

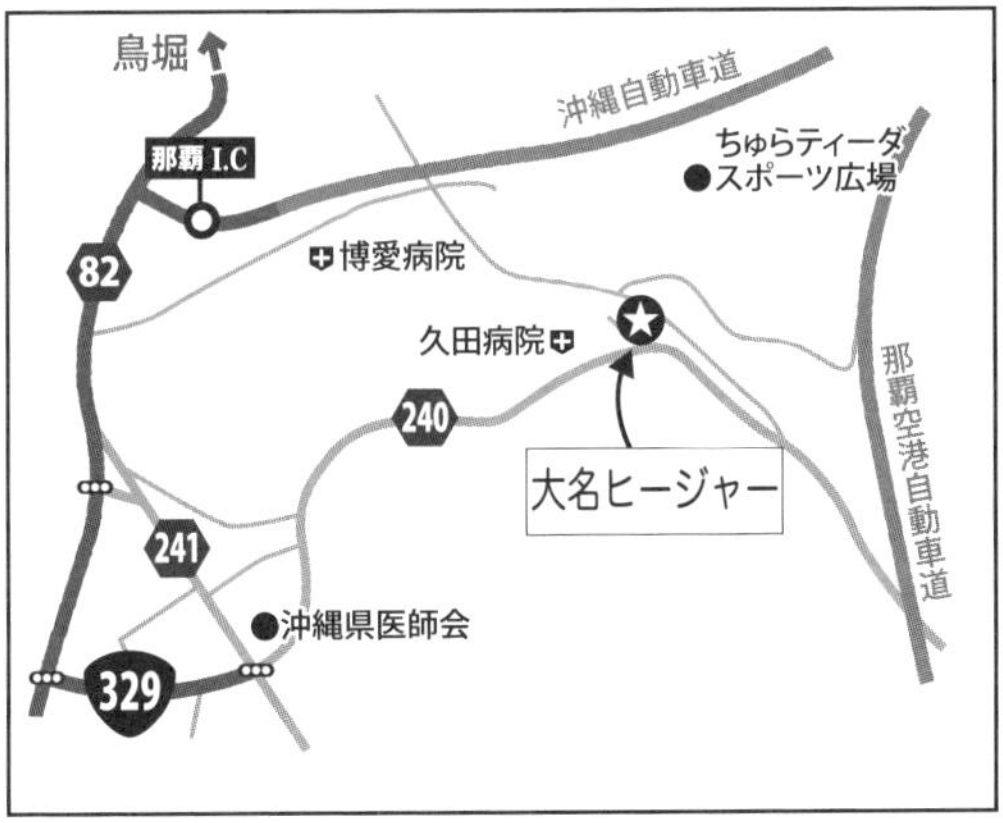

糸満市大里
嘉手志川

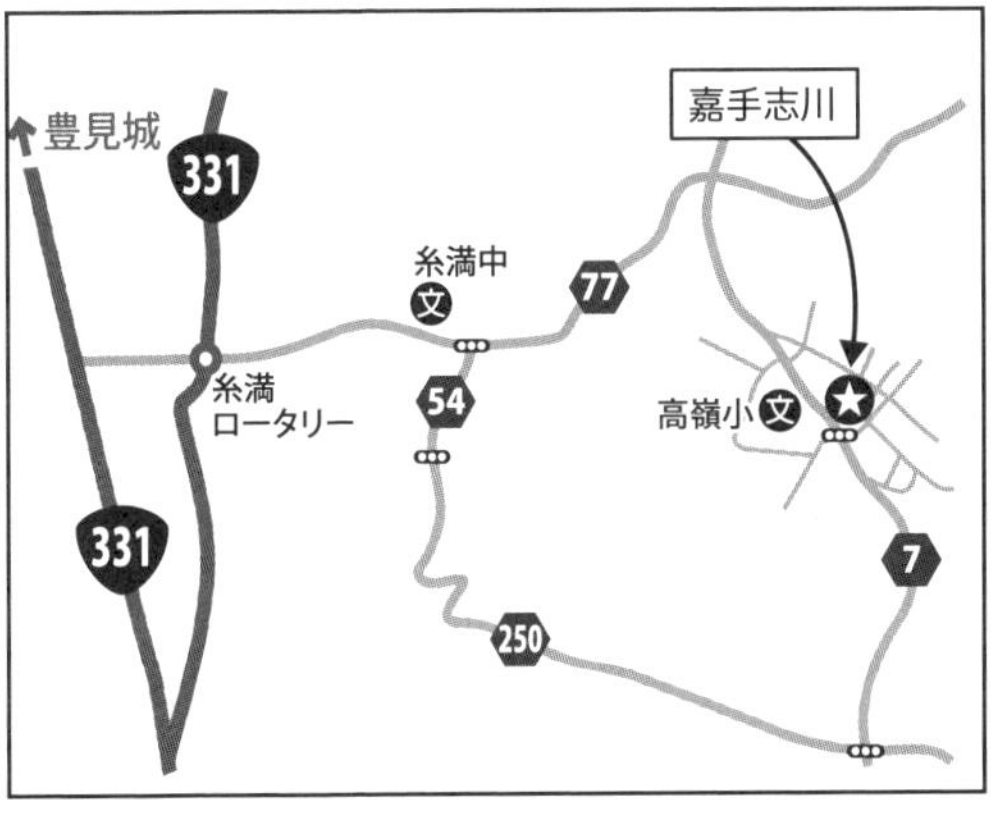

中部（沖縄島）の湧き水

仲間樋川《ナカマヒージャー》

水も命も輝く季節　浦添市仲間

「仲間樋川の水、ないよ。知ってるねぇ?」

浦添市で実施した「湧き水講座」を受講した方が私の顔を見るなり言った。浦添に住んで10年。市民活動として湧き水の情報収集と発信の活動をここから始めた。湧き水マップ、冊子、カルタ、そして市民講座。5年にわたる活動が広がり、現在は十数名のメンバーで地域の湧き水を「歴史・文化・自然・環境・防災」の視点から、多くの人に身近に感じてもらえるよう呼びかけている。そんな中、市民から水が涸れていることに危機感を持って声が上がったことは非常にありがたい。昨年の秋頃から水量が減少し、年末には樋から落ちる水がなく、水ためもカラカラになっていた。地域の自治会長も「60年以上見ているがこのような状態になったのは初めて」と驚いていた。

1731年に書かれた『琉球国由来記』にも記される仲間樋川は市の文化財に指定され、野面積み、布積み（沖縄では豆腐積みともいう）、相方積み（沖縄独自の呼び方で、県外では一般的に亀甲積みというらしい）と、沖縄各地で見られる3つの石積みが残されている。

琉球石灰岩の洞穴から湧き出る水をマーイサーと呼ばれる石灰岩の樋で導き、水汲み場と洗濯場の仕切りとして刻まれた3つの十字、家畜を浴びせたウマアミシ（馬浴し）、そして最後は苗代田に注がれる水の利用法が一目でわかる生活遺跡であり、子どもたちにも見せたい文化遺産だと思う。

近くにお住まいの方のお話しによると、戦争が終わって残っていたのは、屋根瓦とフール、そして井戸だったそうだ。

「お正月には仲間樋川に行って若水を汲みました。こんこんと水が湧き出て本当にきれいなところでした」

この場所で13歳の頃、戦争体験をされた玻名城初江さんは、そう話しはじめた。激しい攻撃に一家は近くの自然壕に逃げ込み、2か月近くそこで生活した。

「動くものは昼夜問わず空から爆弾で攻撃される。水を汲みに行こうと外に出たときに敵の飛行機が近づく音がしたので、地面に伏して死んだふりをして助かったこともあります」という言葉に、幼い女の子が生きるか死ぬかの体験をし、生き延びた命の重みを感じる。逃げてきたときに黒砂糖をかかえて持ち込んでいたけれど、1週間も水を飲むことができない日が続くと、喉がカラカラに乾ききって飲み込むことができなかった。食料があっても唾液がでない状態では固形物は喉を通るはずもなく、とにかく水が飲みたかったそうだ。「もし、水が飲めるのならもう死んでもいいと自宅に戻り、井戸から水を汲んで飲んだ時のおいしさと言ったら忘れられない」と語っておられた。

戦後、仲間収容所（浦添村の数千人が収容）がここにつくられたのも、仲間樋川があったからこそ。あるご婦人は、昔、自宅井戸に落としてしまった石臼の棒が仲間樋川から流れてきたことがあり、この地域の地下全体が鍾乳洞としてつながっているのではという話をしていた。多くの自然壕と豊富な地下水があり、命を救われた人も多かったが、犠牲になった命も多くあった。これは沖縄で全般的に聞かれる話だが、最後に水を飲もうとしてその場で撃たれて亡くなり、水場の周囲にはたくさんの死体が転がっていた光景を目にしている人が多くいる。今でも「戦争中、命を救ってくれた水なので」と本人や家族が湧き水を訪ねて拝む光景を日常的に見るこの地では、戦争がまだ遠い過去ではないことを思い知る。

このあたりで育った人は、小学生から１００歳を超えるお年寄りまで、みな仲間樋川に思い出を持っている。学校の帰りに水を飲んだ、ウォーキングの途中の休憩所、自治会員をはじめ市長まで、「なんであの水は涸れているのか」と私に尋ねる人が何人もいたことに希望を感じる。水が涸れる原因で考えられる理由は、乱開発、水が地下浸透しなくなった、水脈の切断、断層

仲間樋川

近くにあるための地下変動など。いずれにせよ、調査の必要性を感じる。

住民と苦楽を共にした仲間樋川が、危篤状態に陥っているかのように見える。どうしても命を救いたい。そんな思い。汚れた川をきれいにしたければ、川をのぞく人を増やせばよいという話をきいたことがある。「何かいるのですか?」と声をかけてくる人がいて、そこからどんどん人が増え、なんとかしなければならない! と動き出す。より多くの人が関心を持つようになれば、沖縄各地にあるカーも、きっと永遠にこの地に住む人々を見守ってくれるだろう。

戦後70年の節目を迎えた6月、純白の月桃の花が美しい梅雨の頃、あんなにカラカラに乾いていた仲間樋川の樋からチョロチョロとではあるが、水が流れ落ちていた。うれしかった。とりあえず危篤状態からは脱したような安堵感。けれども梅雨があけても水は湧き出るだろうかという心配は残った。

それから1か月、沖縄は例年にない早い梅雨明けだったにも関わらず、仲間樋川は元気を取り戻したように、こんこんと水を湧き出していた。水に触れると冷たく気持ちがいい。人にも水にも輝く命があることを実感する。

澤《タク》岻《シヒー》樋川《ジャー》

お水取り行事への思い　浦添市沢岻と国頭村辺戸

お正月を迎える10日ほど前、国頭村の辺戸集落で、その翌週には浦添市沢岻の澤岻樋川と、首里城で「首里城お水取り行事」が行われる。これは琉球王朝時代の再現行事で、２０１３年には復活して15周年を迎えた。辺戸のお水取り行事の際には、首里からのバスツアーもあるほどの人気ぶり。知る人ぞ知る沖縄の年末イベントで、個人的にも毎年楽しみにしている。

琉球開闢の聖地である安須杜《アスムイ》の麓に湧く辺戸大川。辺りは緑に包まれ、流れる水音だけが辺りに響く。その水を静かにクバの葉で作られたひしゃくですくい壺に詰め、感謝の気持ちをささげる。とてもシンプルなこの行事に立ち会うたびに、水への恵みに、その水を育む自然に、そして神に感謝する。命はすべて水によって生かされている。沖縄の自然崇拝はこのようにごくごく自然に行われ続けたのだと改《あらた》めてその意味を知る。身も心も清められ、安らかな気持ちになり、その心地よさが全身を包む。一年を振り返り、これから迎える新しい年に願いを込めて、心静かに自然に手を合わせる。今、この場所に立ち、生きている自分の幸せを感謝せずにはいられない。

世が世ならそれは国王のためにだけに行われた特別な儀式であろうが、現在はお水取りの儀式が終わった後に、参加者もそれぞれ持参した容器に水を汲んでいく。この水を持ち帰り、お正月に火の神にささげるもよし、昔の王様のようにお水撫でをするのもよし、使い方は人それぞれ。汲んだ水を大事に持ち帰る人々の顔には笑顔があふれている。水道をひねればいくらでもきれいな水が手に入り、世界中のミネラルウォーターが、スーパーで気軽に買い求められるこの時代に、自然から湧き出るこの水に特別な思いを寄せることができるということ自体、とても幸せなことかもしれない。

この行事で必ず顔を合わせるのが、辺戸と並んでもう1か所、お水取り行事を行っている澤岻樋川の管理者である玉城弘さん。玉城さんは、毎年、辺戸大川の水と、儀式終了後参加者に分けてもらえるお供え物の五穀を持ち帰り、澤岻樋川の水を合わせてお神酒を作り、澤岻樋川でのお水取り行事の際、参加者に振る舞っている。文化を継承するというのは、細やかなことをやり続ける人が存在していることなのではないかと思う。

新しい年を迎えるにあたり、一年の幸せを願い各家庭その家ならではの食事を準備するのだと思うが、我が家では他はなくてもこれは外せないというのが「水」である。

澤岻樋川　お水取り

辺戸大川　お水取り
（写真提供　ＮＰＯ法人まちづくり研究会）

元旦には澤岻樋川に行き、毎年、若水を汲んでいる。

県外出身者である夫が毎年関東風のお雑煮を作るのだが、その際に辺戸大川の水（軟水）と澤岻樋川の水（硬水）を使う。味の違いがありおもしろい。

鰹や鶏など、あっさりした出汁のうまみはやはり軟水のほうが出るように思うのだが、少し匂いがきついと感じるようであれば、鶏肉だけでも硬水で煮炊きして、軟水で取った鰹出汁を後で加えるとすっきりとした味になる（専門家ではないのであくまで個人の感想）。

知人のシェフと話をすると、味の決め手はやはり水だと言う。和食の昆布出汁や鰹出汁は軟水のほうがよいらしく、沖縄に多い琉球石灰岩から湧き出た硬い水は、豚肉などを煮る際に臭みを取り、あっさりと仕上げるのに向いているという。だからこそ、沖縄の食文化はやはり豚なのだと実感する。

あぁ、中味の吸い物が飲みたい……。と思うのはごく自然の成り行き。

という訳で、大和風の黒豆や伊達巻と一緒に、ラフテーや沖縄の湧き水が育んだ田芋料理が混在するのが我が家のお正月の食卓。澤岻樋川のお水取り行事に分けてもらったお神酒や辺戸大川で頂いた五穀で炊いたご飯も一緒に並ぶ。いつものお茶やコーヒーもお正月は湧き水を用いるというのも特別な気分。これも個人的な感想だが、軟水で入れるお茶やコーヒーはまろやかでおいしい。香がたつという意味では、硬水で入れるコーヒーもお勧めだ。

年末年始に汲む神聖な水は、我が家のお正月食材必須アイテム。清らかな水で新しい年を迎えるのは、襟を正すような心地よさがある。

首里　円覚寺

ヒャーカーガー

田芋を育む豊かな湧き水　宜野湾市大山

15年ほどでおよそ数百か所の沖縄の湧き水を訪ねた。その数はおそらく沖縄全体のおよそ半分。そんな私への質問で多いのが「一番好きな湧き水はどこですか？」というもの。

「好きな湧き水はたくさんあるのですが、あえて選ぶとしたら……宜野湾市大山のヒャーカーガーですかねぇ」

十数年もの間、私の変わらない答えだ。

文化財に指定されているわけでもなく、歴史的な物語があるわけでもない。つい最近まで、たらいに入れた洗濯物をご婦人が足で踏みながらごしごし洗う姿が見られたほど、地域の人たちの日常に溶け込んでいた生活空間。県内でも交通量の多い国道沿いから少し入っただけとは信じられない、水と緑と空がぽっかりと切り取られ奇跡のように残された場所。緑色の大きな田芋の葉が風にそよぎ、その上に広がる青い空。田んぼに注ぐ水の音を聞きながら腰を下ろし、清水に足を浸すと、自然に身も心もゆったりとする。疲れを癒しに、または通りがかり、私はひとりでふらりとこの湧き水に立ち寄ることがある。

　私が代表をつとめる「湧き水 fun 倶楽部」と宜野湾市大山の田芋と畑とその環境を守りたいと活動している「大山田芋ファンクラブ」との交流で、一緒に大山の湧き水めぐりをした。お昼は、大好きなヒャーカーガーでお弁当を食べた。水の音をBGMに食べるご飯のおいしいこと！　誰もが遠足気分で楽しんでいた。大人も子どもも一緒になって水に入り、エビがいると言ってはおおはしゃぎ、貝の足跡を見つけたといっては観察し、みんなで楽しい時をすごした。子どもたちは水の出どころになっているコンクリートの囲いの中へ小さな体でどんどん入っていき遊んでいる。地域の40代後半の方のお話によると、プールがなかった頃はここでクロールの練習をしたほど、今よりももっと水があったそうだ。

　大山の田芋畑にそそぐ水は、普天間基地のある台地に浸み込んだ水が湧き出たもの。ヒャーカーガーは、昭和30年代に別名「ガソリンガー」と呼ばれていた時代がある。基地の台地から浸み込んだガソリンが水と一緒に湧き出てきて、火をつければ燃えたという。地元の人の努力で数年かけて水はきれいな状態にもどった。

　地域で田芋を育てている方たちの中には、無農薬でいい田芋を育てようとがんばっていらっしゃる方もいる。もし、この水が危険な薬品などで汚染されたとしたらもう自分たちはやっていけないと言う。そうだよ。水を守るということは、自然環境も食べ物も人の暮らしも命もすべて守るということ。その場所を訪れることで、その地に住む人も土地も作物も水もすべてが愛しいと感じる。その愛しさの理由は、めぐりめぐって自分にも還ってくることだからと実感もする。今の私にできることはなんだろう……。

大山の田芋畑に注ぐ湧き水は、ヒャーカーガーの他にも、ナイシガー、ウーシヌハナガー、ヤマチジャガー、アラナキガー、マジキナガー、ミジカシガー、メンダカリヒーガー等、数が多く、田んぼのあぜ道をお散歩しながら周ってみるのもおすすめだ。アスファルトで舗装された道よりも断然足に優しいので、大人も子どもも楽しめる。

中でも石樋から水が勢いよく流れ落ちるメンダカリヒーガーは、苔むす緑を背景に躍る水の玉がとても美しい。大山田芋ファンクラブの仲村さんのお話によると、苔は年に一度、お掃除で取り除かれるそうだが、またすぐに出てくるのだとか。その鮮やかな緑色に仲村さんは魅了されるという。ここは男女別の水浴びをする場所も残されており、当時の生活の様子を思い描くこともできる。是非、訪ねてほしい湧き水のひとつだ。

大山の湧き水で忘れてはならないのが、沖縄で初めて敷かれた近代水道の水源があること。昭和8年~昭和63年まで那覇の水源として取水されていたアラナキガーとオオグムヤーだ。(昭和19年の10・10空襲で破壊され一時中断)アラナキガーには今も当時の水道管の一部が残されている。(那

ヒャーカーガー

覇生まれ那覇育ちの私はこの水に大変お世話になったのだ。感謝！）

オオグムヤーは、今も水量が豊富で全部流すと勢いが強すぎるので調整していること。

現在はオオグムヤーが大山の田芋畑を潤しているが、かつては大山にあるそれぞれの湧き水が田んぼに流れていたため、田芋の味もちがっていたそうだ。「ミズカシガーの水はやわらかく田芋に適しており、マジキナガーのように固い水は豆腐に向いていた」という話を地元の方から聞いたことがある。

田芋農家は苦労も多く、平成6年に150世帯あった大山の田芋農家は平成20年には、46世帯と3分の1まで減っている。

水面がキラキラ光る田芋畑を是非たくさんの人に歩いて欲しい。小さな生き物や畦道に広がる小さな花たち。懐かしさと一緒に大切な宝物がきっと見つかるはず。その田んぼを潤すきれいな水が、永遠に湧き続けることを私は願う。

安《ア》里《サト》ムラガー

人知れずひっそりとそこに湧く　中城村安里

湧き水のことをネットでいろいろ調べていると、「近世以前の土木・産業遺産」というウェブページにたどりついた。岡山大学大学院教授の馬場俊介さんという方が管理をしている。これがすごい。学術的研究目的で、全国の古代〜江戸期までに造られた交通（街道、河川舟運、海運）・産業（農業、飼馬業、漁業、鉱業）・防災（海岸、河川）・生活（上水）・行政（測量）・軍事（台場、狼煙場）等関連の遺産群の資料を公開している。「こうした遺産が、地域の貴重な資産であるにもかかわらず、効率化の名のもとに、加速的に破壊されているのを食い止めることを目的として情報を発信している」と説明されている。

生活関連に湧水、井戸も含まれている。常々思うのだが、昔の人々の暮らしの様子が一目瞭然にわかる湧き水や井戸が、今は使っていないから、という理由でいつの間にかなくなっていたり、近代的な形に改修されたりしているのを見ると、なぜ、そのままにしておけなかったのかと、とても残念なのだ。特に水辺は安全面の管理も大変だが、危険だからといって、埋めたり覆いをしたり、人が近づけなくなるようなことをしてしまうと、人々の足は遠のき、忘れられてしまう。馬場先生のおっしゃるとおり、これは地域の貴重な「資産」であることをもっと知ってほしい。

中城村安里にあるムラガーは、畑の真ん中にぽつんと存在する半円アーチ型石組みの共同井戸である。横幅が1メートルほどと、さほど大きくないが、高さが1,5メートルほどあり、どっしりとした印象。近くの海から採取してきた海石で造られたアーチに継ぎ目は1か所しかなく、石工の高い技術がうかがえる。地域の人たちのお話によると、二、三百年前に造られたのではないかという。水ための深さを計ってみると2,5メートルほどあり、澄みきった水が湧いている。

地域の人たちはこの井戸に「世界一のカーだ」と、愛着をもっている。派手ではないが、堅実な感じがして私の好きな井戸のひとつである。

安里のムラガーは、「近世以前の土木・産業遺産」に掲載されていて、データには、「建造年不明・現役・わかりにくい場所」と情報は少ないが、名前を見つけたときにはうれしかった。

私が15年ほど前に聞き取りをした資料によると、ナナチチヒャーイと言われる干ばつ時にも水が涸れず、馬に積んで隣の集落に運んだほど水量は豊富。当時は、地域の飲み水に使われ、お正月には若水も汲んだ。水道が敷かれた後は、水浴びなどに使い、現在は農業用水・業務用の水に使用されている。昔からこの周囲は畑だったので、戦争時も幸い攻撃を免れ、そのまま

安里ムラガー

の形で残ったようだ。

聞き取りの内容は、特徴的なものがないようにも思えるのだが、なぜかとても惹かれる湧き水のひとつだ。その理由はもしかすると意外性なのかと思う。サイトにも紹介されているように、特徴のひとつに挙げられている「わかりにくい場所」にあるということ。村の史跡として指定されているわけでもないので案内板などはもちろんない。少ない情報をたよりに、車も入れない畑の中を探してみると、本当にぽつんとあったのだ。

昔使っていたという井戸は、県内にもたくさん残ってはいるのだけれど、その多くが時代に取り残されたように、忘れられ、水が涸れたり、淀んでたり、ひどい時にはゴミが放られたりと寂しくなるような情景なのに対して、安里ムラガーは、人知れず澄んだ水が湧き、周囲の畑の農業用水として現役で淡々と仕事をこなしている。誰も見ていなくても、やることはちゃんとやっている。というふうに。こんな人ってかっこいいなぁと思う。井戸だって同じ。見ていて清々しい気分になる。

「人知れずひっそりとそこに湧く水」に私は惹かれる。

沖縄には道路の下に地下道を造ってでも守りたいと、地域の人たちが願い保存されている井戸がまだまだ存在する。首里のある個人井戸は小さな十字路脇にあり、車が一時停止をする際、邪魔に感じられるので「交通の妨げになって危ないから壊してくれ」と近くの住人が要望したが、「井戸は引っ越せないからあんた引っ越しなさい」と地域の人が相手にせず、そのまま残ったと、お向かいにある和菓子屋の店主は教えてくれた。

湧き水にはそれぞれの歴史があり、それは小さな物語となって穏やかな町の表情になる。そんな生活遺産が人知れず残る場所はとてもステキだ。

荻道《オキドウ》・大城《オオグスク》 湧水群

湧き水もまちも変わる　北中城村荻道・大城

今年（2015年）のゴールデンウィークにオープンしてから約2か月遅れで、北中城にできた話題のショッピングモールに行ってみた。かつて米軍基地内にあったゴルフ場の跡地を利用した約175㎡というものすごい広さ。正面玄関から入ると目の前には大きな水槽、施設は全体的にゆったりとしている。ハワイのショッピングモールのようだといわれ、ハワイに行ったことのない私でもなんとなく想像できるリゾート感いっぱいの施設である。せっかくなので観光客気分でパンケーキを頼んだら、量の多さも半端ではない。ひとりで注文してはいけない品である。

お腹もいっぱいになったところで館内案内マップに目を通すと「北中城村トラベルマートきたポ」という観光案内所があることがわかり行ってみた。

『きたポ』とは、「きたなかぐすく×ポータルサイト×さんぽ＝きたポ」ということで、北中城村内の観光ガイドマップや情報誌、特産品などが置いてあり、観光客ぐゎーしぃして、ガイドマップをもらい目を通すと、「名水の村」と題して、小さな扱いだが、平成の名水百選に選ばれた『荻道・大城湧水群』が紹介されている。

平成の名水百選とは、平成20年に環境省が選定した全国各地の名水とされる１００か所の湧水・河川・地下水で、はじまりは昭和60年に環境庁（当時）が選定した「名水百選」。それから約20年経過したのち、昭和の百選をのぞいた中から新たに選ばれ、日本の名水は全部で２００ということになる。沖縄県内から、昭和の名水は南部の玉城垣花樋川が、平成の名水は中部の北中城荻道・大城湧水郡が選ばれた。

北中城村の荻道と大城は隣り合わせた集落で、その地域にあるアガリヌカー、ヒージャーガー、チブガー、イーヌカー、アガリガー、アカタガー（アサトゥガー）、タチガー、イリヌカー（大城）、イリヌカー（荻道）メーヌカーと昔から利用されている10か所のカーが、地域の「湧水群」として選定された。今でもお正月には地域の役員の方たちが水の恵みに感謝してハチウビー（初御水）が行われ、年間を通して景観づくりとまちづくりの活動が盛んに行われている。特に地域の55歳以上の男性で構成される「花咲爺会《はなさかじじいかい》」の活躍と、10年にもわたる県立芸術大学との共同プロジェクトで、イベント等も定期的に開催され、他市町村からもたくさんの人が訪れる。花と緑、芸術、そして水の郷、歩いていて楽しくないわけはない。「日本の歩きたくなる道５００選」にも選ばれている。広いショッピングモールを歩く人も訪れることができるように、名水の里を案内するオプショナルツアーがあったらいいのになぁ。

さらにこの地域には、忘れてはならない重要な文化財がある。世界遺産にも登録されている中城城跡。短大を卒業するその春、友人たちと桜を見に行ったことがある。美しい桜の名所でもある。歴史文化は壮大なもので、中を案内してくださるボランティアガイドの方がいらっしゃるので、もちろんどの季節でも楽しめる。小さい頃は遊園地があった、動物園があったと懐かしがる地元の方が大勢いるが、地域の方曰《いわ》く「年齢がバレる」行為だそう。城跡内にも大井《ウフガ》戸《ー》とミートゥガーという2つの井戸が残されている。

ラジオで湧き水を取材していた頃に北中城村内のその他の湧き水も何か所か訪ねたが、中でも印象に残っているのが役場近くにある喜舎場のウフカーである。敷地面積は村内で最も大きく、半月型の水ためは3段石積みで囲われ、井戸に降りる階段や周囲の様子も昔のまま保存されている。

私がここを初めて訪れたのは平成12年。水ためを覆うコンクリートを壊して元の姿が見られるようになったというので取材に行った。

県内の湧き水でもこの例はよくあり、湧き水を利用する際に、初めは使いやすいようにと水の湧き出すところを石で囲い水ためを造るのだが、葉っぱが落ちたり、ゴミが入って水を汚し

イリヌカー（荻道）

アガリヌカー

たり、太陽が当たりすぎて藻が発生し水の管理がむつかしくなると屋根を付ける。さらに飲み水などは清潔を保つために、完全にコンクリートのタンクで覆ってしまう。時代が石積みからコンクリートに徐々に移り変わった昭和10年前後から戦後にかけてこのような工事が多く行われている。セメントが比較的手に入りやすくなったため、地域の人たちが少しずつお金を出し合って造ったことが分かる。コンクリートの一部に寄付した人の名前と金額が記されているのである。興味深い。そのタンクも上水道が完備されると水質を保つ必要もなくなり、逆に石積みが文化財としての価値を高めるため、屋根やタンクは徐々に取り払われることも多くなった。時代のニーズと共に湧き水もまちも変わる。何を残し、何を変えるのか。まだまだ基地の多く残る北中城のまち。歩くと、昔の沖縄もアメリカ世も今の沖縄もよく見える。

ウェンダカリガー

井戸端会議とまどろむ猫　読谷村座喜味

成人の日。うす曇りの中、読谷村の座喜味城跡へ足を延ばした。晴れ着姿の女性が小さい妹らしき和服の女の子の手を引き家族で訪れているような微笑ましい光景に出会う。記念撮影をするためだろうか。地元で成人式を迎え、その風景の中で大切な家族と写真におさまる。きっと本人にとっても家族にとっても生涯の素晴らしい思い出になるだろう。

近くに話題のパン屋さんがあるというので寄ってみることにした。そばには湧き水もあるらしい。どんなところなのだろう。

小さな看板をたよりに探していると、駐車場の案内板を見つけた。どうやらそこに停めて、少し歩くようだ。もう10年以上前になるだろうか。ラジオ番組の取材で湧き水を訪ねたときに、このあたりを歩いたことがある。民家脇の路地に入ると大きなガジュマルの木。あぁ見覚えがある。確かあの向こうに小さなムラガーがあったはず。ガジュマルの正面に回り込んでみると、確かに昔訪れた場所だった。石の階段を下りると、ガジュマルの木の根元にコンクリートの屋根のついた囲い込み井戸。お久しぶりです。一礼して中をのぞき込む。あの時と変わらない姿がそこにあった。

ムラガーのすぐそばに話題のパン屋さんがあった。古民家を改装した小さな間口から中に入ると意外なほど天井が高く、間接照明のやわらかなオレンジ色の光と手作りのパンが温かく迎えてくれる。おやっと足元に目をやると、パンが並べられた台の下に大きなかごがあり、白い猫が丸くなって寝ていた。穏やかな空間。中で食事やお茶も楽しめるということで、相席をお願いして紅茶を頼んだ。

窓の外は森のような緑が広がり、机の上には素朴な焼き物と傍らに大きな松ぼっくりがひとつ。お茶を飲みながらも自然の中にいるような心地よさ。丸いポットに入れられた紅茶を飲みもっちりとしたパンをかじる。ゆったりとした時を満喫した。

店を出ると、外に小さな子どもさん連れの家族が猫と遊んでいる。さっきお店の中で寝ていた白い猫は、お昼寝が済んだからか少し前に外へ出ていく後ろ姿を見たので、てっきりその猫かと思いきや、黒く長いしっぽと靴下をはいたような真っ白な足の子猫。ひもでじゃらして、小さな女の子はとても楽しそうに遊んでいた。

うちで飼っている猫に似ていたので、思わず笑顔で近寄ると、その女の子はひもを私に差し出し、「やってみる?」と声をかけてきた。母親らしき人は物おじしない娘の態度に驚き苦笑いし、たしなめるような言葉をかけたけれど、対等に接していただいたことに敬意を表して、私もいっしょになって遊んだ。

その猫は「おーちゃん」と呼ばれていた。「おーちゃん」はそのうち庭から外へ走りだし私たちは追いかけた。そばにあるムラガーに私が下りていくと女の子も続き、おーちゃんはだいぶ高さがある石積みを慎重に降りてきた。ガジュマルの木に見守られるような水辺と子どもの笑い声。無邪気な猫と戯れる。なんて至福の時だろう。

家に帰って取材をしたインタビューテープを探してみると、平成15年にこのカーを訪れ、地域の方に話をうかがっていた。

このカーは「ウェンダカリガー」と呼ばれ、昭和40年ごろまで地域の飲み水や洗濯、その他生活全般に利用されていたそうだ。カーの上のほうに平たい石が残されており、そこでご婦人方が毎日のように洗濯をしていたという。当時、20世帯くらいの家庭が利用していたようだが、そのほかにもおしゃべりを目的に他の地域から人が集まるような楽しい場所だったそうだ。

話をうかがった60代くらいの男性によると、当時、周りは田んぼに囲まれ、小さい頃はよくこのガジュマルの木に登った思い出があるという。近くにはこのウェンダカリガーの他にも10か所近く湧き水が残され、中でも「タメトモガー」と呼ばれた井戸の話が面白かった。「源為朝と関係があるのですか?」と伺うと、タメトモと呼ばれていた一風変わった人がいて、「みんなの水は使わん」といって自分だけの井戸を掘って使っていたそうだ。明治生まれの方のお話しらしい。平成15年に訪れた際には、そこにも水がまだ湧いていた。

人が集う場所には笑いがあり、豊かな時間が流れる。当時、子育てや生活の悩みは、愚痴やおしゃべりで解決できるおおらかさがあり、井戸端会議と称してカーのまわりはご婦人方のいこいの場所だった。水道が入ってからは皆、個々で家事も行われ、隣近所のつきあいはめっきり少なくなったので、気軽に声をかけることは少なくなっているのかもしれない。最近では自宅でもそれぞれの部屋があり、家庭内でのコミュニケーションすら難しく感じることもあるというから、どれが幸せなのかわからない。

あとでインターネットをのぞいてみるとパン屋さんで飼っているロバの「やまさん」が時々、このムラガーの前でくつろいでいるという。いつか「やまさん」と一緒に湧き水のそばでくつろいでみたいなぁ。ささやかな夢だ。自然も動物も人間もゆったりとくつろげる空間。失ってはいけない貴重な場所である。

ウェンダカリガー

高離《タカハナ》りの井戸群

ついに見つけた「億」のカー　うるま市宮城島

ゴールデンウィークに宮城島を訪れた。島在住の女性たちが中心となった「うないの会」主催「たかはなり市《いち》」の一環で行われた島めぐりに参加するためだ。

宮城島は高い陵丘を有する為「高離島《タカハナリジマ》」とも称される。沖縄本島から橋でつながり、今でこそ車があれば気軽に行ける離島だが、橋のなかった頃はやはり遠い場所だったようだ。このイベントは4回目を数え（平成26年）、地域でとれた野菜や加工品の販売、軽食などの屋台、湧水・史跡・自然を島の方がガイドしてまわる島めぐり体験等が企画されていた。

当日、会場となったシヌグ堂前の広場は標高100m。そこから望む太平洋の美しいこと。島めぐりはそこからスタートした。ガイドは島の出身の平川節子さん。理科の先生をしていらしたということで、島の自然や生き物に詳しく、子どもたちに故郷の島のことを伝えたいと退職後、活動をされていた。

最初に訪れたのは、上原集落のヤンガー。上原地区のウブガーでもあり、今でもお正月には「ウビナディ」が行われている。水質が良くかつては飲料水にも使用され、水量も豊富だったことから隣ムラも利用したようだ。『球陽』には「屋武川」と記され、1849年に間切りの地頭が他の役人や住民と協力して造られたと記録されている。溢れ出す水は全面の大きな水ために注がれ、そこはかつて生活用水に利用された。その水を引くパイプが備わっているところを見ると今でも地域の方々が雑用水に使っているようだ。

少し前に来た時には亀が甲羅干しをしている微笑ましい光景を見ることができたのだが、今は残念ながらその姿を見ることができない。どこへ行ったのだろう？　レンタカーで訪れる人も見かけるので、島の観光スポットとしても知られている様子。1995年にうるま市の有形文化財（建造物）に指定されている。ヤンガーは別名「万川」と呼ばれ、島にはその他に百ガー、千ガー、億ガーもあるらしい。数字で水量を例えたという話を聞いたことがあるのだが、実際にはどうなのだろう？　期待が膨らむ。

集落の中央にあるジョーグチガーは、現在、水量は少ないが地域のカーとして大切にされている。ここが百ガー。ガイドの平川さんは、集落を離れどんどん山の中に入っていく。山道を上った所に緑に包まれたイキントーガーがあった。今も清水を満々とたたえており、かつて生活のために水を汲む人でにぎわったであろう湧き水が、今もひっそりと姿をとどめているかのようだった。これが千川。「清らかな」という言葉がぴったりの美しいカーだった。その他にもシマチスジノリがあったという池味集落のンズガーなども案内していただいた。

島には湧き水が20か所以上もあるそうで、全てまわることはできず今日のところはこれまでと、島めぐりの日程が終了した。海中道路にある「うるま市立海の文化資料館」に島のガイドブックがあると教えて下さったので帰りに立ち寄ると、宮城島、平安座島、浜比嘉島等の文化財をまとめたパンフレットがあり、解説とともに地図も載っているので、これを片手にまた訪れようと島を後にした。

宮城島の湧き水のことでもうひとつ確かめたいことがあった。今は本島から橋で繋がっている宮城島は隣の平安座島から渡ってくるのだが、橋でつながる以前は島の玄関といえば港。「島の湧き水は全て港の方を向いている」という話だ。実際に見てみるとやはり、湧き水は全て港の方を向いていた。ただ、それは地形上そのような向きになっていたのではないかと推測される。沖縄の湧き水のほとんどは琉球石灰岩のように水を通す層とその下にある水を通さない粘土層（クチャ）の間から水が湧き出るので、地形から見るとどうしても同方向に水が湧くようにできているのだろう。その件についても質問をしようと思っていたのだが、忘れてしまった。

その後、東日本大震災の被災地である福島県の子どもたちがうるま市の子どもたちと宮城島の「ハルガー」で交流したという新聞記事を見つけ、新春に連れ合いとふたりで訪ねてみるこ

ヤンガー（万川）

イキントーガー（千川）

とにした。資料館で頂いたマップをたよりに、住宅地から山へと続く道を登っていくと豊富な水量を思わせる水音が聞こえ、地域の人たちが利用していると思われるパイプがぎっしりと並んでいるのを発見した。期待が高まるその先に見えたのは、石樋からこんこんと水が流れ落ちる神々しい樋川。長年にわたり水を導いた樋口の周囲には鍾乳石のような石灰が岩となり、それを包むようにびっしりと苔や羊歯の葉が生えていた。まるで翁のひげのよう。新春にふさわしいその光景に希望を感じた。

家に帰って資料を見直すと、ハルガーは集落より高い所にあるので、昔は自然流水で集落や学校に水を供給し、宮城小中学校の校歌にも「源深き億川の清き泉のよどみなく……」とうたわれているのだとか。

別名「億ガー」は「ハルガー」のことであることを知る、めでたいお正月となった。

ハルガー（億ガー）

犬名河《インナガー》

結婚、やめちゃおっかなぁ、イチハナリ恋の歌　うるま市伊計島

伊《イ》計人《チンチュ》ヌ嫁《ユミ》やない欲《ブ》しゃやあすぃが
犬名河《インナガー》ぬ　水《ミズ》ぬ汲《ク》みぬがぐでぃ
詠み人知らず　のんやる節　恋・労働歌

伊計島の彼氏とさぁ〜、結婚しようとおもってるんだけど〜、あの犬名河から毎日、水汲みするって考えたらさぁ〜、あぁ〜めんど。結婚、やめちゃおっかなぁ〜。

現代風に訳すると、こんな感じになるのだろうか。

旧与那城町（現うるま市）伊計島の北西の崖下にある犬名河。犬が見つけたことからその名が付いたという、島で唯一の水源。上水道が敷かれる以前、集落から1キロメートル離れた場所から急こう配の石段を150段あまり上り下りして、毎日の生活に必要な水汲みを女性たちが行うのが日課だった。誰が詠んだか、詠んだのがバレたら大変なことになるからあえて名前を

伏せたのか。水道が入って水汲みの必要もない今でも、同じ女性としてなんとなく心境がわかるような恋の歌である。

伊計大橋を渡り、伊計ビーチを過ぎて見えてくる案内板をたよりに行くと犬名河の石碑にたどり着く。この石碑に刻まれた琉歌が冒頭の歌である。犬名河は平成7年にうるま市の記念物（名勝）に指定されているので、そこまでは比較的行きやすい。さて、問題はその後である。車を降り案内板より海に向って崖から石段を下りてゆく。私は高所恐怖症。崖から海に向かって下りていく。頭がくらくらする。足元不安定。迫りくる荒波。ダメだ。嫁失格。

現在は石段も上り下りしやすく、海岸近くはコンクリートの階段に改修されているので、こんな私でも一応、下まで難なく降りられる。けれども、きっとあの頃は自然の岩場を重たい水を担いで上がるとなると、これは愛の力なくしては、あるいは運命を受け入れて生きていく覚悟がなければ、結婚生活は到底続けられなかっただろう。

最近、資料を整理している中で、この琉歌の一部の文字が、どちらなのだろうと話題になった。「伊計人《イチンチュ》ぬ嫁やない欲しゃあしが」というのが石碑にも記されている琉歌の歌い出しだが、いくつかの資料には「伊計離《イチハナリ》ぬ嫁のない欲しゃあしが」と記されている。ちょっとした議論になった。伊計人？　伊計離？　資料を調べたり、人に聞いたりした中で、ある方から返ってきたこんな答が心に残った。

「伊計島のおばあさんたちに聞くと『伊計人』といっていますね。伊計離（イチハナリ）という言葉は、島の人は使いません。島外の人から見て「離れ」という意味なんですよね。地元の人からするといい言葉ではないと思います。ここはやはり、場所のことではなく、その『人』なのではないかと私は思います」

なるほど。嫁に行きたいけど水汲みが大変、という逆説の流れの中で、わざわざ地理的に遠い場所に好んでいく……というのはつじつまがあわないような気がする。やはり、人＝大好きな大好きな、他の人ではない絶対にあの人、なのだろうと。

大好きで一緒になるのをずっとずっと夢見て、どんなに遠いところでも一緒になれるなら私、平気!! というくらいの覚悟で臨もうとする結婚。が、しかし、あの犬名河の石段を見て愕然とする。揺れる乙女心。歌を詠んだ彼女はその後、伊計人と夫婦になったのだろうか。恋の結末が気になるところである。

旧東風平町の高良の上ノ井でも同じような話を聞いたことがある。ここは降りガーで暗がりの地中深く急で細い石段を上り下りして水汲みをしなければならなかった。

「一日で逃げだした嫁もいたよ」と近所に住む当時80代の女性の方が話していた。「おばあさんは逃げ出さなかったの？」と聞いてみたら、「私はここの生まれだから」と笑っていらした。

琉球石灰岩が隆起したサンゴ礁の島沖縄。高い山がほとんどなく、地下水に頼る生活を強い

犬名河

られていた人々。大なり小なりこのような苦労話はあちらこちらで聞かれる。

水の苦労が絶えなかった犬名河は、戦前戦後の改修で、簡易水道が敷かれ、お嫁に行くのをためらう苦労はなくなった。もちろん今は上水道が敷設され何不自由もない。琉歌に詠まれた嫁の苦労は遠い昔話である。

ちなみに伊計離節《イチハナリ》という歌があり、先ほどの石碑に刻まれた琉歌と似ているので間違えることが多いのではないか、と話を聞いた方が付け加えてくださった。「伊計離節」は平安座の浜で伊計島に出稼ぎに行った男を待ちわびる女性の様子を歌っているのだとか。伊計島は今でこそ橋でつながり陸続きなのだが、平安座、宮城、伊計と離島の離島の更に離島、当時は、本当に遠い島だった。それゆえ、恋する男女の歌が似合う島なのだろう。

さて、犬名河。風光明媚な場所にあるので隠れたデートスポット的な穴場まちがいなし！生活のためにこの階段を毎日重たいものを持って上り下りできるくらいこの人を愛しているだろうか……。

結婚する？　しない？　まよったら、犬名河でそっと胸に手をあてて心の声を聞いてみよう。

浦添市仲間
仲間樋川

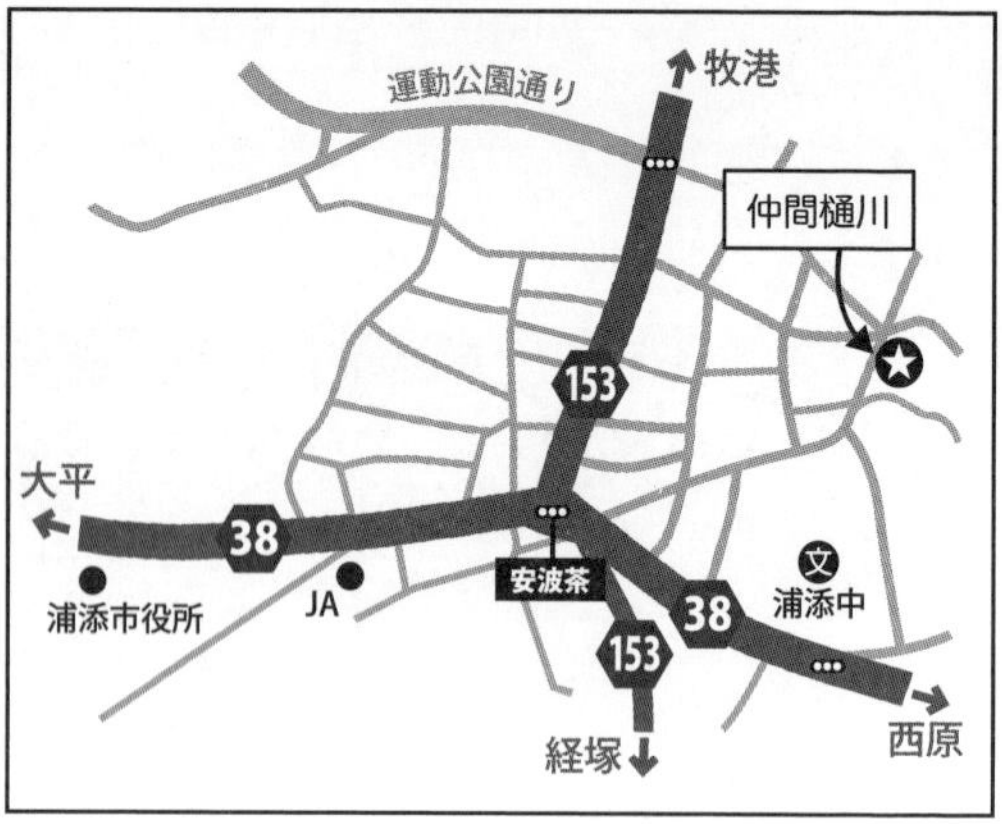

浦添市沢岻
澤岻樋川

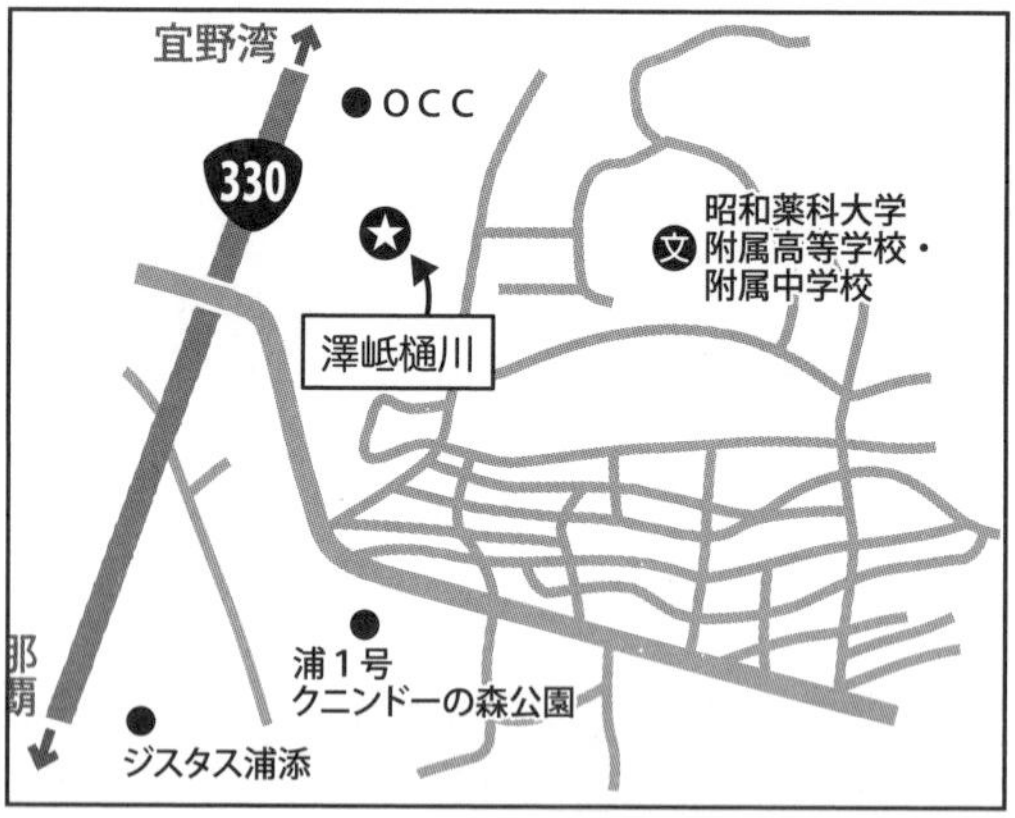

宜野湾市大山
ヒャーカーガー

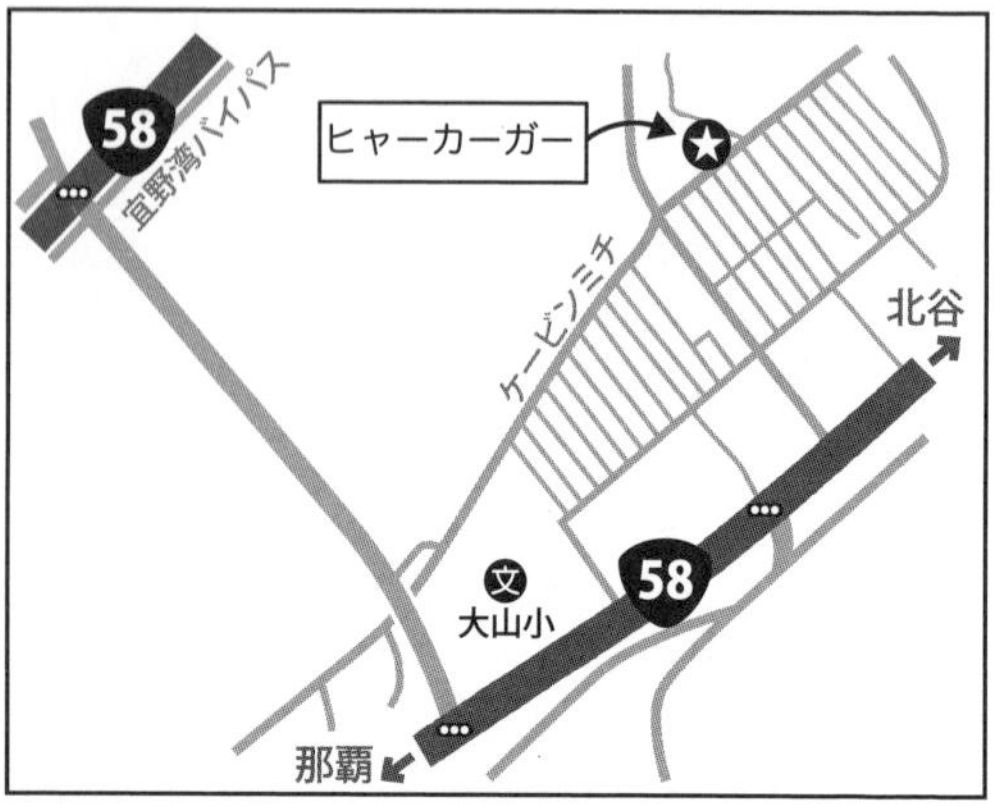

中城村安里
安里ムラガー

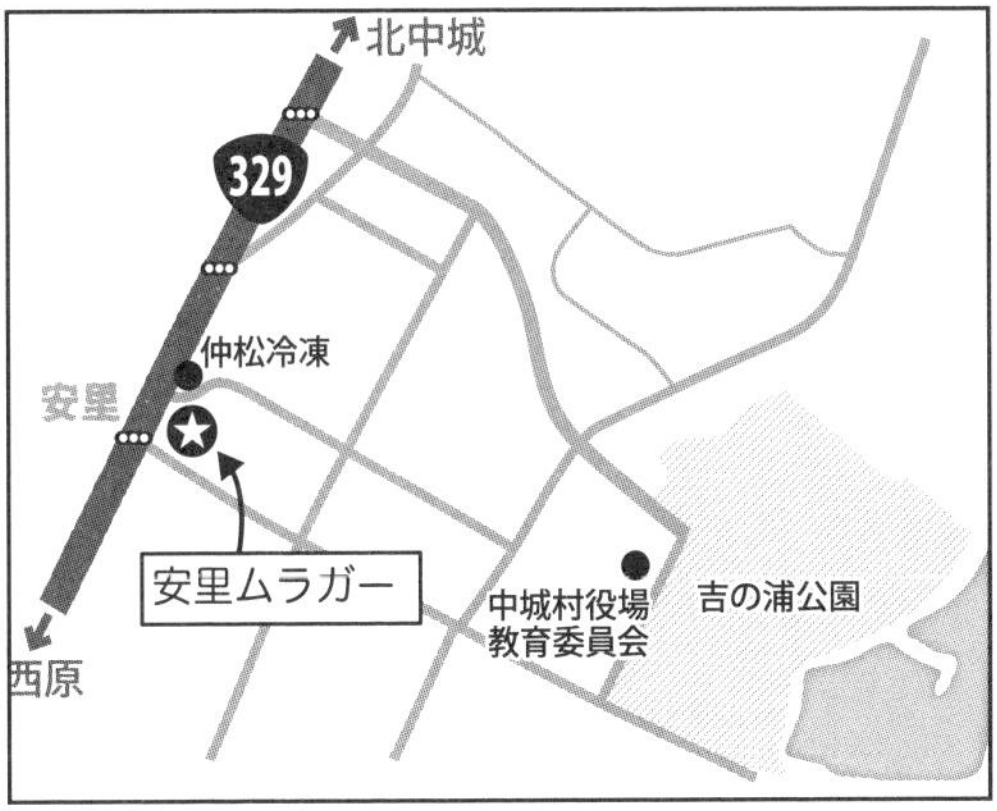

北中城村
荻道・大城湧水郡

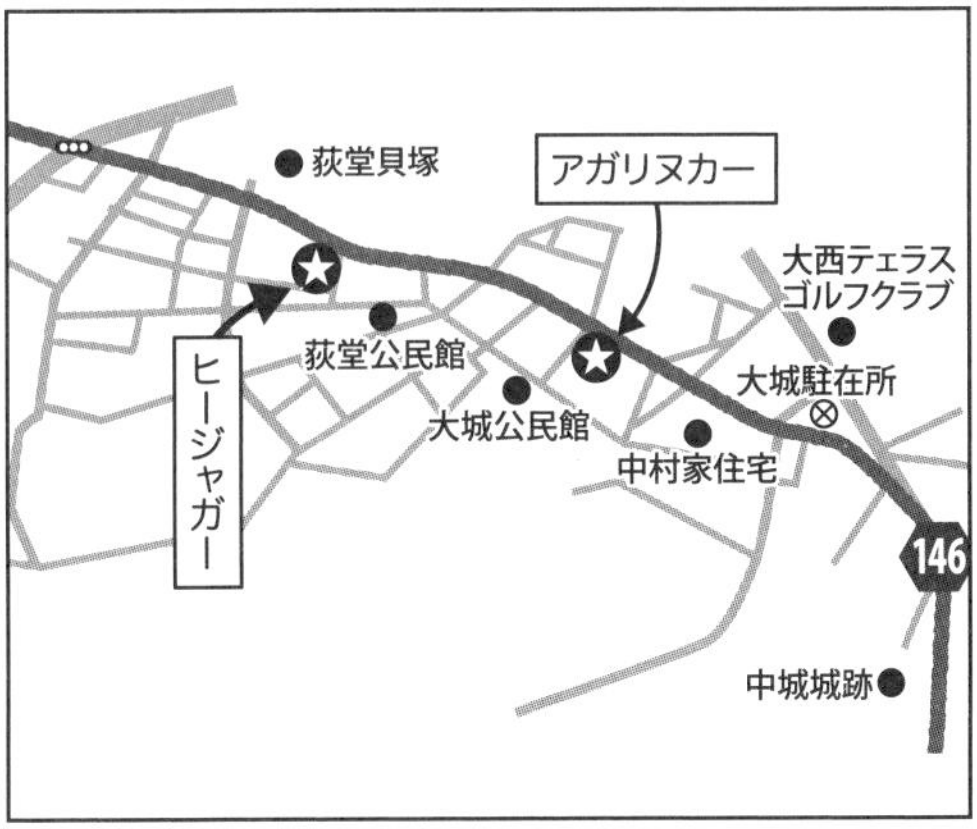

読谷村座喜味
ウェンダカリガー

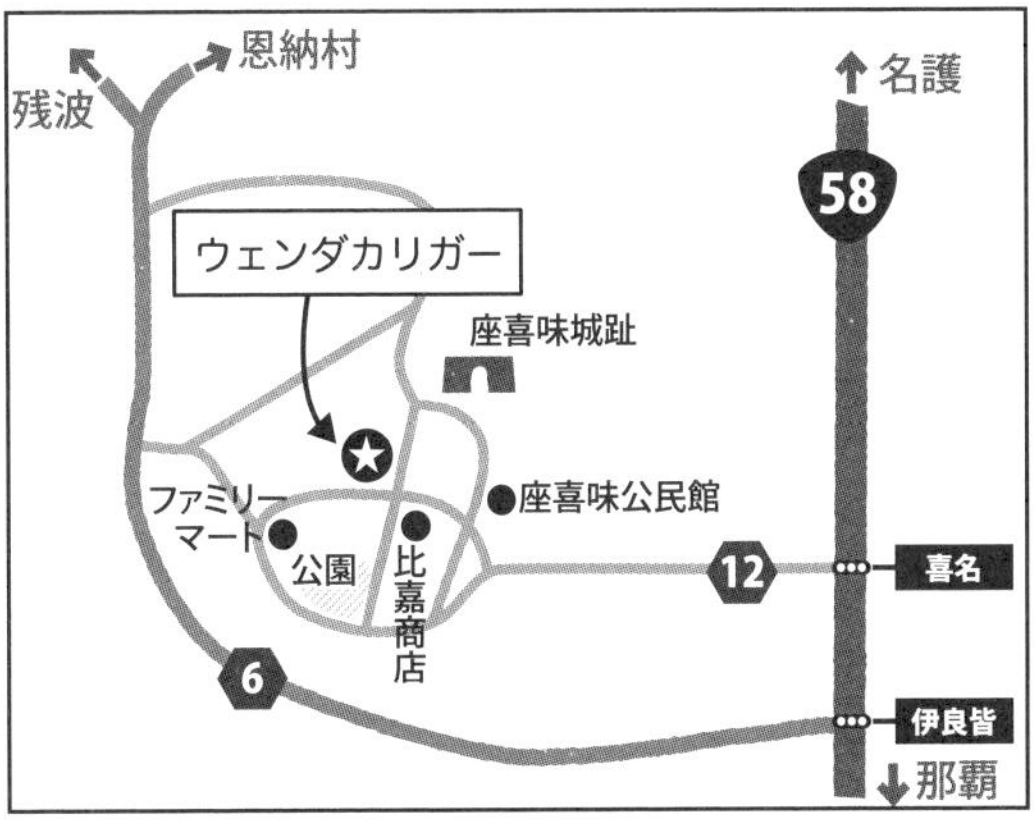

うるま市宮城島
高離りの井戸群

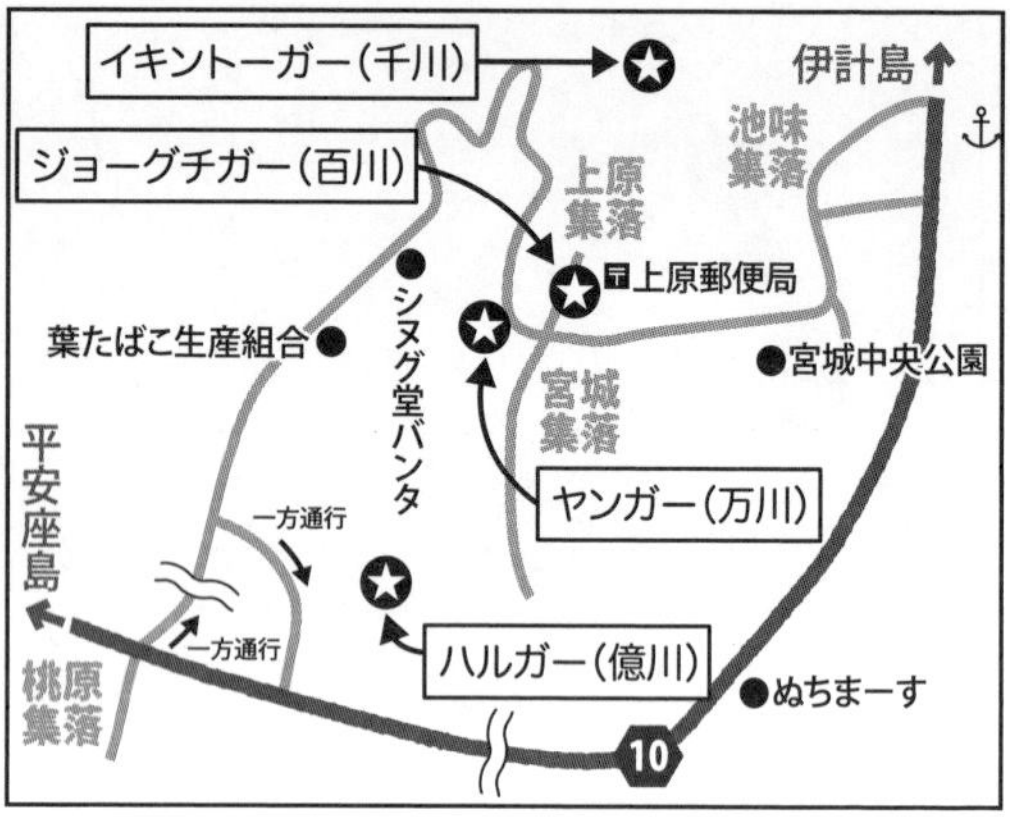

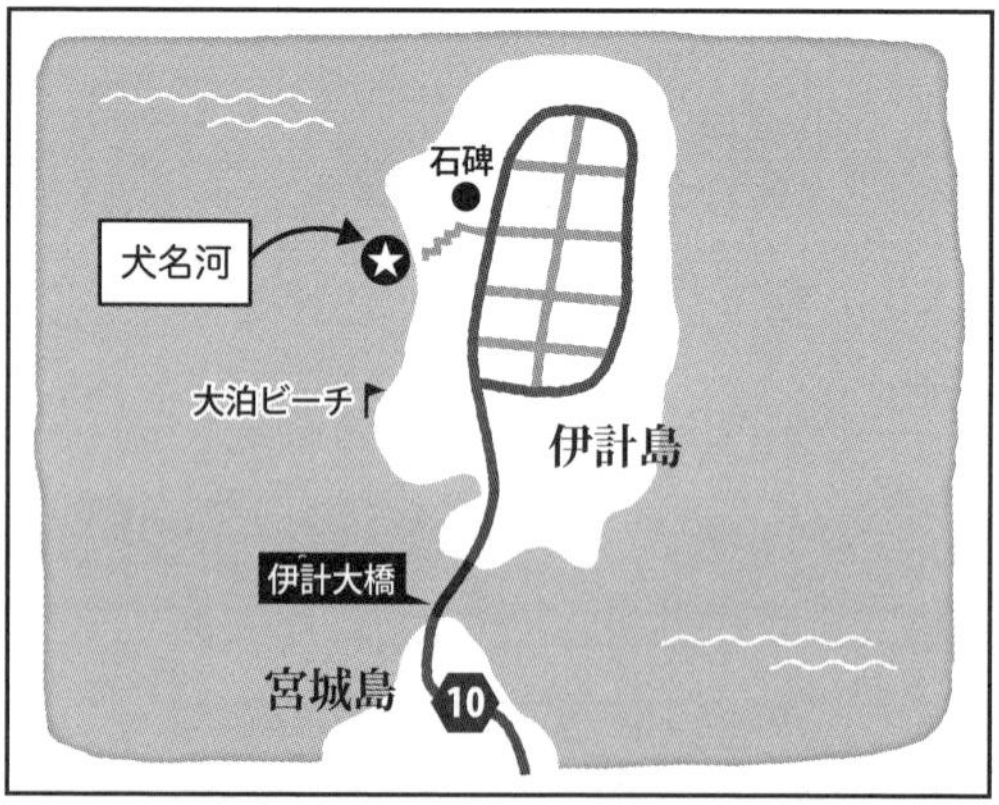

うるま市伊計島
犬名河

北部（沖縄島）の湧き水

金武《キン》大川《ウッカガー》、慶武田《キンタ》ガー

湧き水fun倶楽部とともに　金武町金武

県内の湧き水の情報収集と発信を目的として活動している湧き水fun倶楽部のメンバーは、年齢も職業も住んでいるところもバラバラ。「湧き水が大好きである」という共通点で繋がり、気が付くと6年余りの時が経過している。今では家族のようなお付き合い。

年末は忘年会と称して、自家用車を連ねて湧き水にでかけ、ランチをしながら一年の活動を振り返り、楽しいおしゃべりに花が咲く。

「湧き水ビンゴ」大会も定番で、手元に準備された3×3の9つのマス目の中に自分の好きな湧き水の名を入れ、それぞれが順にひとつずつ湧き水名をあげていく。沖縄県内には1000か所以上の湧き水があり、有名な湧き水だとみんな一緒にマスが消えるし、マニアックな選択をすると自分の番がくるまでなかなか自分のマスは消えない。微妙なバランスをとりながらも、会員のみなさんは、秘かにお気に入りの湧き水をチョイスするので、バリエーションが広がり盛り上がる。

ある年は金武町に出かけ金武大川《キンウッカガー》に立ち寄った。「長寿の泉」としてよく知られ、あたりが公園整備されており、いつも子どもたちで賑わっている。地域の人たちもよく立ち寄る場所で、休憩しながら喉をうるおす人、近くの畑や海などからとってきたものを洗っている人の姿も見かける。お正月には近所の人たちが今も若水を汲みに来るようだ。

1日1000トン以上湧くといわれる豊富な水は、横にずらりと並んだ十数か所の樋から、ザーッと音を立てて勢いよく流れ落ちる。この水はいったいどこから湧き出ているのだろう。あたりには鍾乳洞が点在しているらしく、琉球石灰岩を通して鍾乳洞に流れる水がその源になっているといえそうだ。後方はカーヤマと呼ばれ木立の緑が清々しい。いつ出かけても水は清らかで透き通り、小さな生き物の姿も見ることができる。

現在は赤瓦の屋根がつけられ立派に改修されているが、戦前の写真を見てみると、飲み水を汲む場所、水浴びをする場所、洗濯をする場所、家畜を浴びせる場所などと目的ごとに使い分けられたような造りで、当時の生活の様子が感じられる。

金武大川から少し離れた場所にある慶武田《キンタ》ガーに移動して、かつて金武大川もこのように使われていたのではないかと思うようなその場所を見学する。飲み水を汲むところは横に大きく広がった水ためがあり、そこから導かれた水は丸いコンクリートの水ためへ流れ、周りを囲む石樋は、一度にたくさんの人が利用できるような工夫がされているように思われる。塀を隔てた向こう側にはふたつの水浴び場があり、それぞれ男女で使い分けをしていたようだ。水浴び場をしきる壁に、指が一本くらい入るような小さな穴が空いており、覗き込んでは大笑い。昔の人たちもこんな風に無邪気だったのかもしれない。

通路を隔てた向かい側には、洗濯場があり、水汲みや水浴びの場所から流れてきた水をうまく再利用できる仕組みになっている。更にその水は隣接する田んぼに注がれ、そこには大きく葉を広げた田芋が植わっていた。

かつて上水道が敷かれる前は、どこの地域でもこのような湧き水で生活をしていた時代があった。慶武田ガーのように当時の様子がそのまま残されている湧き水は本当に少なくなった。ここに立つだけでタイムスリップしたように、古人の生活の様子やその時の気持ちまでも想像することができる貴重な場所だと痛感する。歴史的建造物だけではなく、当時の庶民の暮らしを知ることができる生活遺産として、このような湧き水も形を変えず残してもらいたいと強く願う。

洗濯場で田芋の茎を洗っている女性に出会った。近くで田芋料理のお店をしているという。お正月前は田芋の収穫で忙しい時期。田芋の茎を使った「ムジ料理」も人気があると話していた。その後、私たちは予約を入れていたその店で田芋膳を頂いた。田芋の産地で有名なのが、宜野湾市の大山、そしてここ金武町。どちらも湧き水が豊富な地域で、きれいな水がなければ

金武大川

慶武田ガー　洗濯場

育たない貴重な田芋は人気がある。田芋膳は、私の大好きなドゥルワカシーをはじめ、ムジ汁、ドゥル天、田芋のから揚げ、田楽、ずいきの肉巻きにずいきの味噌和えと文字通り田芋づくし。水の恵みを感じながらおいしい料理に舌鼓をうった。

心もお腹もいっぱいになり、せっかくここまで来たからと、金武の観音堂にも足を延ばした。沖縄戦で大半の社寺が焼失した中、奇跡的に戦火を免れ、沖縄本島では唯一残存した貴重な近代木造様式の建築物は見事だった。鍾乳洞も見学し、そこで貯蔵している田芋焼酎と鍾乳洞貯蔵熟成豆腐ようをお土産に帰路につく。

好きなことがあり、一緒に語りあう仲間がいて、美しい自然があり、その自然が育む豊かな暮らし。私は本当に幸せなのだとつくづく感じる年の瀬である。

潮平川《スンジャガー》

スイカを冷やした夏の思い出　名護市屋部

県内各地の湧き水を取材するというラジオ番組を10年間続けた中で大変だったのは、湧き水を探す事。番組ディレクターの大城高範さんは「どこかに目の覚めるような湧き水ないかね～」が口癖だった。そのせいか、「うわぁ、すごい、こんな湧き水があるなんて！」と轟々と流れ出る壮大な水を前に目を見張る、という夢を時々見ることがあった。

そんな私に、周囲の方々は、地域の湧き水をよく紹介して下さった。

私が名護で必ずといっていいほど立ち寄る「やまや」というおそば屋さんの主である神山さんは、屋部の潮平川《スンジャガー》の話を楽しそうにしてくれた。小さい頃から親しみのある場所で、時々近所の畑からスイカを失敬して、スンジャガーの水で冷やして食べたことが思い出に残っているという。今は時効だと思うのでそこは目をつぶって頂きたい。話を伺うために自治会の方を紹介して頂き、潮平川に足を運んだ。

国道449号沿い、山入端と屋部との境にあり、名護市水道施設潮平川ポンプ場から海に向かうと、岩場から湧き出る水が小川のように10メートルほど離れた海に向かってコンコンと流れ出ている。ものすごい水量だ。白い砂浜が広がる海岸は「メーヌハマ」と呼ばれ親しまれている。昔から変わらない地域のプライベートビーチだ。のんびり海を眺めたり、魚を獲ったり。クロサギが魚をついばむ姿も見かけた。静かな海は魚の産卵場所になっているという。

「小さいころはよく泳いだよ」と懐かしそうに話をする自治会の皆さん。海水は陽があたれば温度が上がるのだけれども、温度が一定の潮平川の冷たい水が流れてくるので、ここの海はいつも冷たかったという。泳いだ後、身体についた潮を流すのも潮平川の水だった。

そんな話をしながら、いつのまにか自治会の皆さんはスイカやバンシルーを取り出している。神山さん同様、小さい頃、こうしてスンジャガーの水で冷やして食べたので、是非、私にもご馳走したくて持ってきたというのである。

話をうかがって30分ほどたった頃だっただろうか。スンジャガーの水で冷やしたスイカを取り出した。一口食べてみると、なるほど、冷蔵庫に入れてあったように冷たく本当においしい。皆さんはスイカを食べては水につけ、またほおばり、果物と水のおいしさを両方味わっているようだった。水だけ口に含んでみても冷たくておいしい。そういえば、スイカは英語でウォーターメロンというんだっけ。水のようにすっきりとした果実は夏の暑さをしばし忘れさせてく

潮平川

れる。

「スイカはね、時々、海水をつけるとこれがまたおいしいんだよ」と立ち上がってひとりの方が海まで歩いていった。私も後をついていき海水につけて食べた。小さい頃を思い出す。

私が小学生の頃、父親の同級生の家族と夏休みに恩納村の海で毎年キャンプをしていた。子どもたちが海で泳いでいると、大人たちがキュウリやトマトを持ってきて、海に投げ、それを子どもたちがわいわいと拾い、海水につけて食べる。水の感触、塩辛い海水の味、波の音、海の色、潮の香り。五感すべてが蘇る。

自治会の方の話しによると、はっきりしたことはわからないが、潮平川の水は嘉津宇岳や八重岳などの大きな山の麓に湧いた水が、地下ダムのようにたまり、ここまで流れてくるのではないかという。時々、白いウナギを見かけた。陽のあたらない洞窟のような場所で暮らしているからそんな色をしているのではないか、という話だった。沖縄県内には地下に大きな鍾乳洞があり、そこに地表から浸透した水がたまり、岩の間から湧き出て海へと流れ出る水が多くある。海のそばから湧く貴重な真水は大切に使われてきた。

名護市の水道水は、全体の3分の1ほどの水量をスンジャガーから取水している。今でも実際に飲料水に使われる現役の湧き水だ。川の水に比べて地下水がおいしいといわれる理由は、地表に降った雨水が地下に染み込む際、ろ過されて水がきれいになることと、地中のミネラルが溶け込みおいしくなること、そして水温が一定に保たれるためだといわれている。

先日の熊本地震で大きな被害を受けた熊本県の水道は100％地下水でまかなっている。昔から水の国と呼ばれるこの地域は、阿蘇の豊富な伏流水が県内のいたるところで湧いている。

沖縄の水道水源を平成26年度のデータで見てみると、地表水が約93％（ダム80・9％、河川12％）地下水が6.4％、海水（海水淡水化）0.7％となっている。日本全国を見てみると、およそ7割が地表水（ダム47％・河川25・5％・湖1.5％）で残りの3割が地下水19・5％・伏流水3.7％・その他となっている。

沖縄は河川の水資源に乏しい自然環境から、地域の湧水を特に大切に利用し、管理してきた歴史がある。今は水道水源の大部分をダムに頼っているのが現状だが、潮平川のように今でも地域の人たちが愛着を持って大切に利用する湧き水があることはとても素晴らしいと思う。

手水川《ティミジガー》

「手水の縁」ゆかりの恋物語　名護市許田

泉に水汲みに来て
娘らは話していた
若者がここに来たら
冷たい水あげましょう

小学校低学年の頃だっただろうか。私たちはよくこの歌を歌っていた。ソチオリンピックの際、入場行進で流れたメロディに思わず振り向いた。しばらく思い出すことがなかった懐かしいあの歌はロシア民謡だったのか。歌のタイトルは「泉のほとり」なのだそう。

あらためて歌詞を見てみると、なんだか艶っぽい。平敷屋朝敏の組踊「手水の縁」をイメージするからか。女性が男性に水をあげるということは、恋の予感いっぱいのシチュエーション。

これは世界共通なのだろう。

「手水の縁」では、男は「ひしゃくではなく、あなたの手ですくった水が飲みたい」と懇願する。沖縄の古い習慣では両手で汲んだ手水をあげることは、身も心もささげるという愛情表現。猛烈な口説きに戸惑う女。ラブロマンスに満ちた展開を誰もが予感する。

「沖縄の湧き水カルタ」では、名護市の手水川をこう詠んでいる。

ロマンあり　朝敏ゆかりの許田の手水川（テミジガー）

名護市許田にある手水川は、「手水の縁」で広く知られている。元々は地域の人達が使用した生活用水であり、人が集まる泉を中心とした恋物語はあちらこちらに存在する。沖縄に限らず、世界各国に共通するようである。ちなみに組踊「手水の縁」の舞台は糸満市波《ハン》平玉川《ジャタマガー》。半円形の石積み井戸は、今も水が湧いている。

実は私のごく身近にも湧き水が縁となりカップルとなった人がいる。湧き水fun倶楽部のN氏である。入部（?）当時、独身だという彼は環境問題や歴史文化にとても関心が高く、まじめで一生懸命。活動を始めてから半年ほどたったある時、実は……と彼女を連れてきた。湧き水カルタの情報収集で豊見城市の湧き水調査をお願いした際、仕事ができる彼は、ささっと資料を集め、１００か所以上もある豊見城市の文化財リストから、いくつかピックアップし現場に足を運んで、手早く情報をまとめあげた。すごいなぁ〜と思っていたら、なんと彼女のお陰なのだという。彼は知り合った彼女とどういう風にお付き合いのきっかけをつくっていいかわからずやきもきしていた所に、彼女の地元である豊見城市の調査をお願いされ、誘ってみたら彼女もとても興味を持ち、ふたりは湧き水の情報収集を口実にデートを重ね意気投合したようだ。これも縁だと確信する。

このふたりのすごいところはこの後も続く。沖縄の歴史や文化を大事に結婚の誓いをしたいと識名園で挙式することになったが、琉装で沖縄の赤瓦の建物で挙式するにもかかわらず、用意された原稿が標準語だったことに違和感を覚え、ご両親の力を借りて沖縄の言葉に直して誓いを立てた。

誓《チカ》いぬ言葉《クトゥバ》

私達《ワッター》　二人《タイ》や　今日《チュウ》ぬ　佳《ユ》かる日《ヒー》　選《イラ》でぃ
此処《クマ》　由緒《ユイショ》ある　識名園《シキナエン》　於《ウ》てぃ
招待《ソータイ》さびたる　御衆様《グスーヨー》ぬ前《メー》んじ　結婚《ニービチ》ぬ式《シキ》　挙《アギ》やびーん

今日《チュウ》から　互《タゲー》いに信じ　一人《チュイ》寄し寄し《ユシユシ》
幸せな家庭　作《チュク》てぃ行かやーんでぃいーぬ　誓《チカ》いさびーん
今《ナマ》　若さあてぃ　世間《シキン》　人交際《チュビレー》ん　未熟やいびーれー
此《ク》りから後《アトー》　云《イ》い教《ナラー》し　見護《ミマム》てぃ
うたびみ候《ソー》りんでぃ言《イ》ぬ　御願《ウニゲー》いさびーん
今日《チュウ》や　私達《ワッター》　二人《タイ》が　為《タミ》に
斯《ク》が遠《トオー》　識名園までぃ　参《メ》んそーち　うたびみそーち
御《グ》礼儀《リーヂ》　うんぬきやいびーん
いっぺー　にふぇーでーびる

沖縄の結婚式は三々九度ではなく水盛といって、それぞれが育った水を合わせて、その水でうびなでぃをすることで神聖な力が宿りふたりは祝福されるという儀式があるそれを知ったふたりは、お互いの出身地である湧き水を用いた。式の前日、N氏の出身地である浦添市伊祖の前之《メーヌ》井《カー》と、彼女の出身地である豊見城市平良にあるトゥドゥルチガーから水を汲み、ろ過して沸騰させ会場に持ち込んだ。その様子は披露宴でもスライドで紹介され、キャンドルサービスならぬ、アクアサービスの演出もふたりの笑顔をいっそう引き立てた。そのこだわりぶりに天《あっ》晴《ばれ》！　といいたくなるほど会場は盛り上がり、本当にめでたい一日となった。

彼女が小さいころ遊んだトゥドゥルチガーは、エビがいたことから「エビガー」と呼ばれていたそうだ。その年の暮れ、エビガー周辺のせせらぎ公園では「第一回のせせらぎ公園まつり」が開かれ、４０００個の灯篭が美しく水辺を飾った。

湧き水がいつまでも憩いの場であることが、人々を癒し、惹きつけ、集い、素敵な出会いがこれからも生まれるよう願いたいと思う幸せな年の瀬になった。

手水川

識名園での挙式　水撫でぃ

本部大川《フプガー》

馬が見つけた井戸　本部町具志堅

湧き水の温度は年中変わらず、沖縄ではおよそ20～21度。北海道だと6、7度。東京あたりは15度くらい。沖縄のおばあちゃんたちはよく「夏は涼しく、冬暖かに」と表現するが、まさに夏はひんやり、冬はお湯のように温かく、湧き水は手を浸すだけで癒される。

11月の初旬、湧き水をめぐるのにいい季節がやってくる。風は涼やかで陽射しはまだいくぶん強く、水の冷たさが心地いい。この季節、山原の湧き水に足を運ぶのはとても楽しい。中でもお気に入りは本部町具志堅にある大川《フプガー》。親御さんが具志堅出身の同僚Sさんに運転をお願いし、今年は仕事仲間6人でワイワイと出かけた。

フプガー周辺は、平成21年に国の「本部半島地区田園空間博物館整備事業」で「田空の駅ハーソー」として公園整備された。初めて訪れるならそこを目指すとわかりやすい。ちなみに「ハーソー」の「ハー」は沖縄本島北部で湧き水を指す言葉で、「ソー」は流れという意味。沖縄の方言で湧き水のことを一般的には「カー」または「ガー」と呼ぶことが多いが、これが北部では「ハー」、石垣島では「ナー」、波照間島では「ケー」、最近テレビで知ったが、奄美諸島では「ゴー」というらしい。

Sさんは具志堅集落から入って公園の一番奥にあるフプガーの側に車を止めた。ドアを開けると、「ゴー」という勢いのある水音が耳に飛び込んでくる。皆一斉に車から飛び降り、水の勢いに歓声をあげた。手を水に浸して何度も感触を楽しむ人、すくって口に含む人、思わず靴を脱ぎ棄て水に入る人、思い思いに水へと突き進む様子は生き生きとして、見ているほうも楽しくなる。

馬が見つけたというこの井戸は、馬の蹄が入り込み、そこから湧き出たという伝承が残る。馬の蹄の形をしている大型の掘り下げ井戸で、幅は15メートルほどあるだろうか。プールのように大きい。県内各地に動物が見つけたという言い伝えのある湧き水はいくつかあり、犬が見つけたカー、猫が見つけたカー、鳩が見つけたカー、動物ではないが、伊江島には女の子が見つけたということでその少女の名前がついたカーもある。水源を見つけた動物（あるいは人）に感謝の気持ちを忘れないように伝説として残されているのだろうか。興味深い。

案内板によるとフプガーは、大正末期頃までは低い石積みだったようだが、数回の改修でコンクリート造りになった。現在は高さが1,5メートルほど。水道が入る以前は、地域の水源として生活用水（飲料水、洗濯、水浴び）、農業用水として人々の生活を支え、人生の通過儀礼（産水、若水、シディ水、湯灌）としても用いられた。今も地域の信仰の場として大事にされている。

整備される以前は、大きな水ための前面に水汲みや洗濯、水浴びなどに使われたことがわかる小さな水ためがいくつかあり、生活の匂いが残っていた。水道が入った後も、靴を洗う棒つきのたわしがカーの側に立てかけられたりしていて日常的に利用されている様子が伺えた。

ある時、小さな水ためが全て無くなり、白く新しい石でこざっぱりと整備されている状況をみて私は目を疑った。地域の人に話を聞くと、「きれいになっているさぁ。前はノリが生えて、子どもたちがすべって危なかったからねぇ」という答が返ってきた。よそ者がノスタルジックな思いで、古さだけをよしとする風潮は感情の押し付けかもしれない。地域の人たちがより親しめる場所になることはいいことなのだと自分に言い聞かせた。

同僚たちは、楽しそうに水ための中をのぞきこんでいる。「見て、見て、水が湧いているのが見えるよ！」水の底からぷかり、ぷかりと水泡が次々出てくる様子は見て飽きない。

「あ、おっきいエビがいる！」

15センチ以上ありそうなテナガエビが石の上でじっとしている。

「焼いて食べると美味しいんだよね」

食べる方に話が向かった。

本部大川

テナガエビは殺気を感じたのか、後ずさりするようにもぐっていった。

Sさんは言った。「エビもカニもいっぱいいましたよ。イモで釣ってよく遊びました」

「あんたウーマクーだから、中で泳いでたんじゃないの？」

と誰かに言われたSさん、

「いいえ、ここは入ってはいけないですから」

と真顔できっぱりと否定した。

この水は人々の生活を支え、命を支える水。その水を汚すことは絶対にしてはいけないということを子どもたちもよく知っていたのだろう。

水ための壁面から数か所、水が流れ落ちるところがある。Sさんの話によると、カーの清掃の際にはこの排水口を全部開いて排水し、中の藻や水草などを取り除き、きれいにするのだという。

「あれは何？」と誰かが指差した。水ための中に何本もの棒が結わえられ立てられている。具志堅・上間・真部のかつての3つの村で、それが合併したことを覚えておくために、それぞれ3本ずつ結わえ、井戸の掃除をするときには新しいものに取り換えられるそうだ。

水面下は緑鮮やかな藻が水中花のように幻想的な世界を浮かび上がらせ、水面は静かに、秋の空と白い雲を映し出している。

兼次《カネシ》ウィヌハー

ひとつなんて選べない郷土愛　今帰仁村兼次

湧き水を知るために、実際に現地で使った経験のある人や湧き水に詳しい専門家にお話を伺うことはとても重要だ。私は20年近く、たくさんの方に本当にお世話になった。振り返ってみると400か所近くの湧き水を訪ね、お会いした方はその2倍にも3倍にもなるだろう。

浦添市の文化財課へ伺った際には、住宅地図のコピーを何枚もつなぎ合わせ2畳分もありそうな大きな手作りの浦添市の地図が準備されていた。一通りの説明を受けた後、「差し上げますよ。これを参考にどんどん取材してください」と持たせてくださり、今も湧き水fun倶楽部の活動で大切に使わせて頂いている。

国頭村半地の取材でお話を聞かせてくださった松田さんは、私たちのために何時間も前からペットボトルにお水を入れて冷やして待っていてくださった。後日、庭でとれたシークワーサーと野菜を段ボール箱いっぱい届けてくださり、なんとお礼をいっていいのか胸がつまった。

うるま市のWさんは、地域の再開発で実家の井戸がつぶされそうになり、何かいい知恵はないだろうかと連絡を下さり、お話しを聞かせてもらった。実際に井戸を掘ったお父さんも同席し、家族の歴史の一コマともいえるような物語はとても温かく、井戸にも命があることを感じた。幸いご家族の思いが通じ、井戸は残ったと連絡があった時は本当にうれしかった。

こんな風に水のご縁というべきか、貴重な出会いは書き尽くせない。中でも思い出深いのは、今帰仁歴史文化センターの館長をつとめていらっしゃった仲原弘哲さん。取材をお願いしたら4時間ほどかけて、今帰仁のカーを10か所ほど案内してくださった。それでも仲原さんは、今帰仁の井戸をまわるには1日あっても足りないとおっしゃっていた。案内してくださった湧き水はそれぞれ興味深いお話だったが、特に兼次のウィヌハーに興味を持った。

兼次のウィヌハーはおよそ600〜700年頃前から水が湧いていたと伝えられる山の中腹にある水源で、昭和8年に集落内に造られた5カ所のコンクリートのタンクに送水されるようになり、取材をさせていただいた平成18年の時点でも地域の方々に利用されていた。もちろん各家庭に上水道は完備されているが、お茶水だけはどうしてもこの水を利用したいという人がいるのだ。このあたりは与那嶺層で、濾過されることによって軟水化し、お茶に適しているのではないかというお話だった。5月には地域で「ハーウガミ」が行われていた。私が仲原さんのお話でとても興味をもったのは、かつて山の中腹まで水汲みをしていたのが、集落の5か所のタンクで水を得ることができるようになった時点で人々の暮らしは楽になった。けれども、それ以前は集落の120～130世帯の人たちが、みな水源まで行っていたので、それぞれ顔をあわせる機会があり、たとえケンカをしてもすぐ仲直りができたという。それが5か所のタンクに分散され、やがて家庭に水道が入るようになると顔をあわせる場所がどんどん少なくなり、今ではケンカさえできなくなったほど、人と人とのつきあいの方法が浅くなったという話だ。「300年前とか500年前とかという昔の時代と今を行き来できる感性がとても大事だと思います。その当時の暮らしを知ることで、その当時の人の気持ちを知る。相手の痛みを知る。それは、遠い国のニュースなどテレビの中でおこっている痛みを理解できる感性につながると思うのです」

仲原さんが人と人とのつながりを思う気持ちは本当に深いと感じた。

昭和36年に製糖工場ができ、昭和38年の大干ばつ、減反政策と、時代は米からサトウキビへと移行。水田はあっという間になくなってしまったという。「棚田を見ると涙がでる」とおっしゃる仲原さんの脳裏には、豊富な水が潤す水田の情景が今も懐かしい思い出としてよみがえってくるのだろう。仲原さんは、出勤前に村内の湧き水に立ち寄り写真を撮ることがとても楽しみだと笑っていらした。本当は誰にも教えたくない楽しみだとも。水があるというのは身体だけでなく、心もこんなに満たしてくれるものだとあらためて実感すると共に、感謝の気持ち

兼次ウィヌハー　簡易水道第五タンク

平敷ピシチガー

を忘れてはいけないと強く感じた。

ラジオの放送の仕事が終了した後に「湧き水fun倶楽部」を結成し、ラジオの仕事をしていたときには時間がなくてやりたくても出来なかった湧き水に関する勉強会や、後に作成した『沖縄の湧き水カルタ』の情報収集など、仲原さんにはその後も大変お世話になった。

今帰仁村の主な湧き水の情報を聞き取り、「この中でひとつ今帰仁村を代表する湧き水を選ぶとしたらどれですか?」と質問したところ、「ひとつなんて選べない!」の一言に、人と同様、仲原さんの湧き水に対する深い愛情をあらめて感じるのだった。

金武町金武
金武大川
慶武田ガー

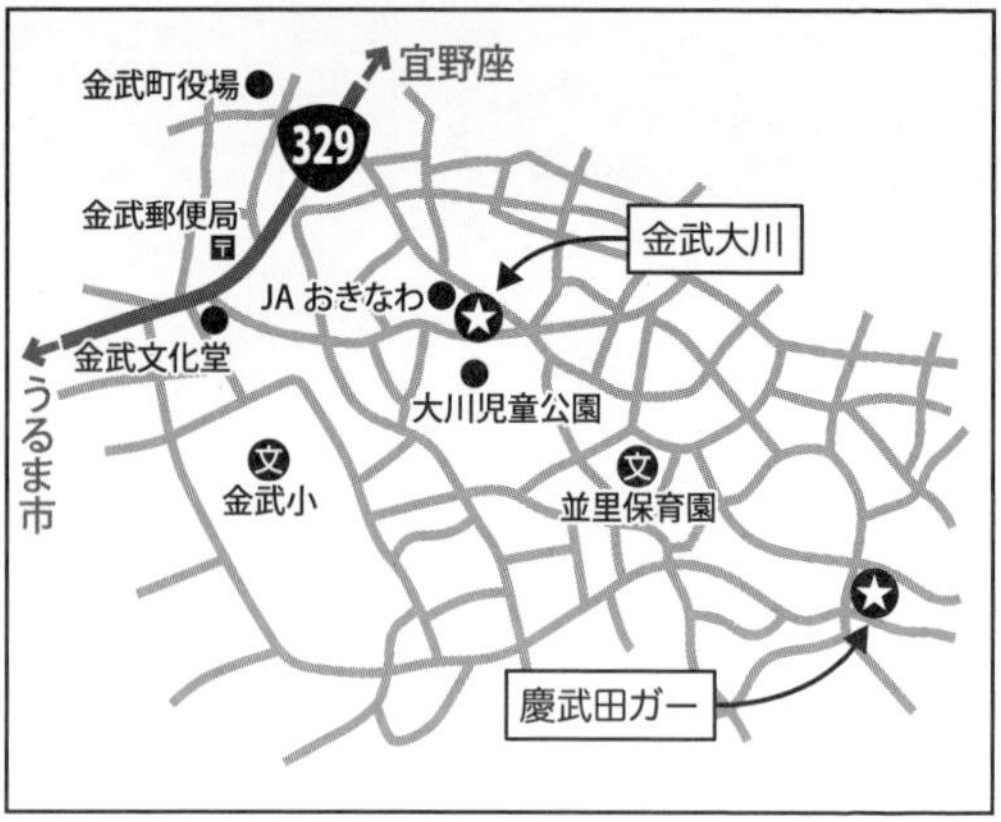

名護市屋部
潮平川

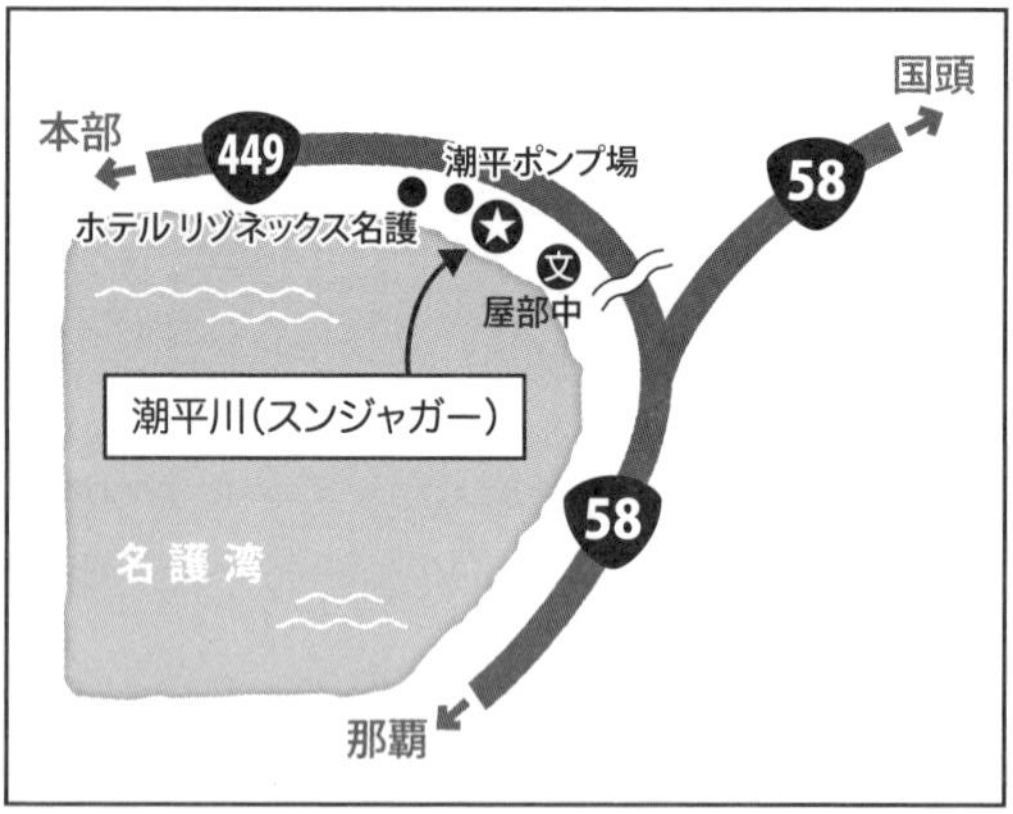

名護市許田
手水川

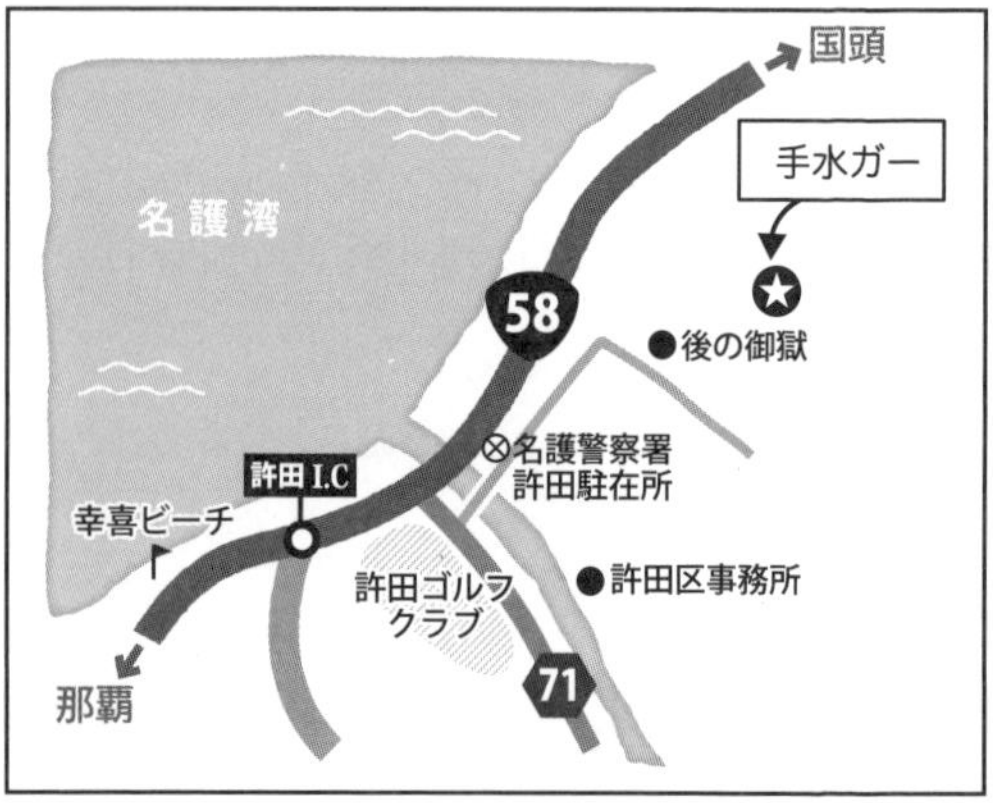

本部町具志堅
フプガー

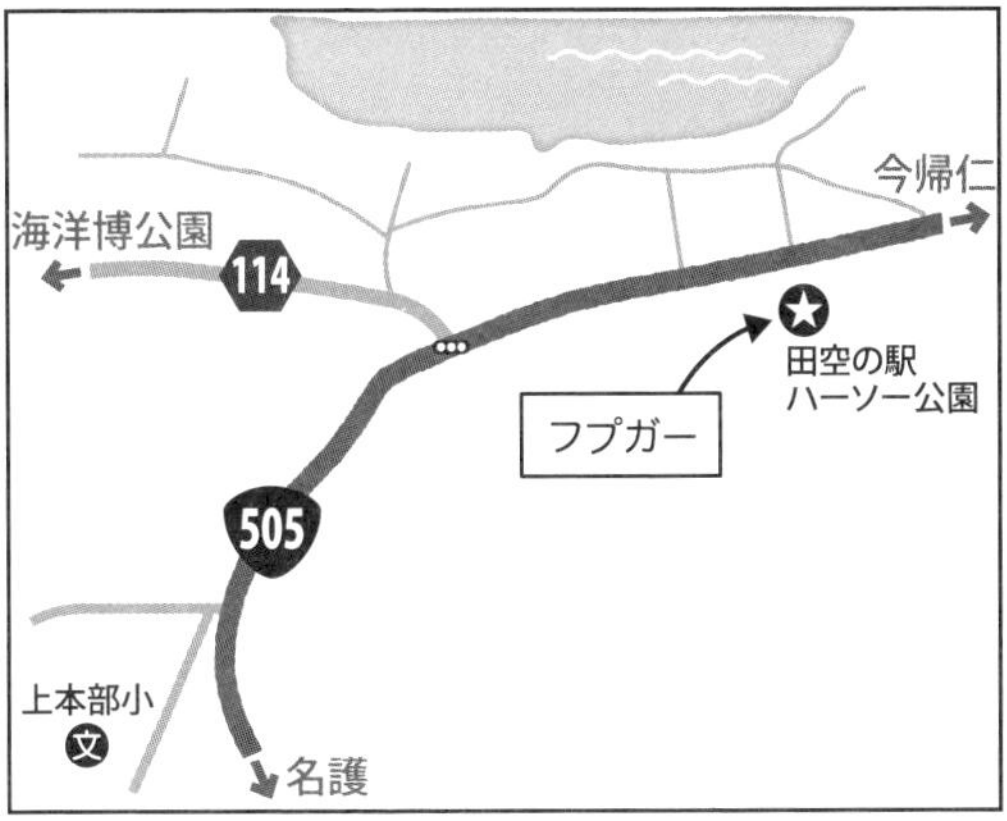

今帰仁村兼次
兼次ウィヌハー

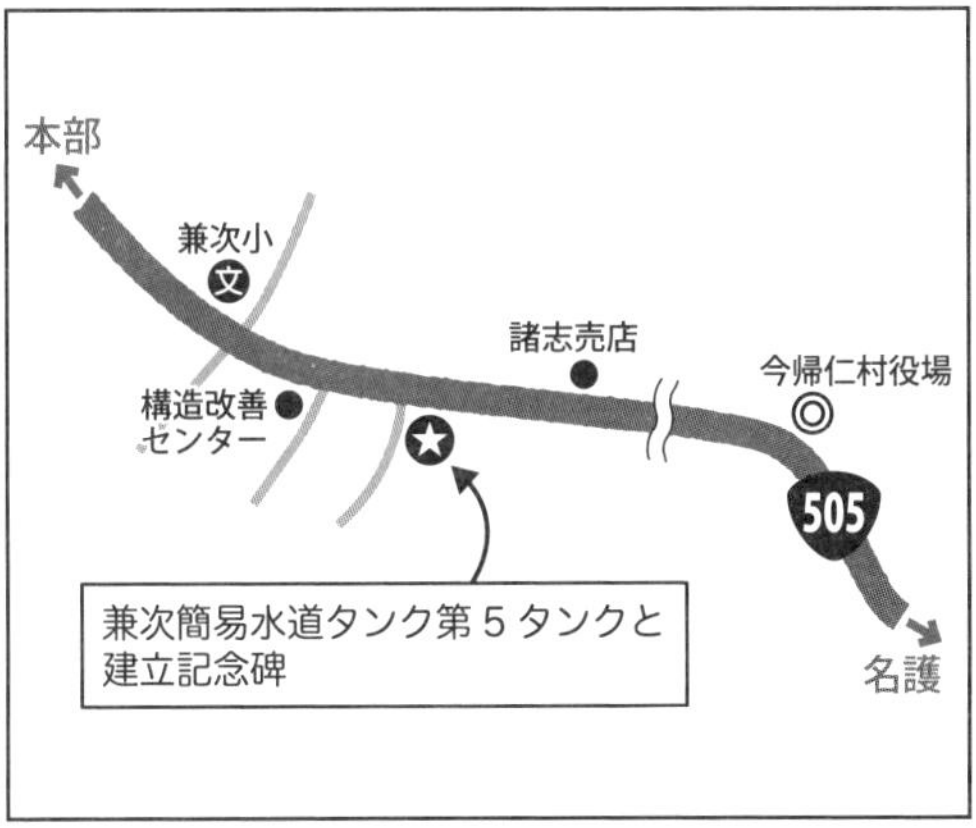

那覇の湧き水

龍樋《リュウヒ》

水を司る龍の謎　那覇市首里

沖縄で最も有名な湧き水は？　と聞かれると「龍樋」ではないかと思う。首里城内の瑞泉門側にある龍の口から水が流れ落ちる神聖な湧き水。復元された首里城の中では珍しく１５２３年に中国から持ち帰った吐水龍頭（石彫刻）が当時からそのまま使われている（戦後一部修復）。有名な湧き水だけれど、一般人から見ると謎が多い。ある観光客は「この水は本物の湧き水？（水道の水じゃないの？）。沖縄本島中南部の水のほとんどは硬水だけれど、龍樋の水だけは軟水だっていうけど本当？　こんな高いところになぜ水が湧くの？　龍樋に投げ込まれたお賽銭はどうしているの？」。

確かに謎だけど、真実を確かめるのもちょっと……と思ったりもするので少し脇に置いて、龍樋にまつわる様々な思い出のある昭和10年生まれの父とユンタクしてみたいと思う。

龍樋

時は戦前。父は当時、那覇市西町に住んでいて小学校2年生（昭和18年）のとき、遠足で首里城を訪れた。龍樋の前には今のように柵がなかったので、すぐに水を汲むことができ、持っていた水筒の蓋をはずして水を受けようとしたら誤って蓋を落としてしまった。その時の印象が深く70年たった今も当時の様子をはっきりと思い出すという。

その後、戦争で龍樋の一部が欠けてしまった。少し前の泡盛「瑞泉」のテレビCMでは、欠けている龍樋の映像が流れていたというのでネットで探してみると見ることができた。

龍樋の上の部分がなく、残された龍の下あごから水が流れ続けている。

父はその後、仕事で龍樋の復元作業に携わる機会があり、無事、龍樋は元の形に戻った。そう、8歳の時に見たあの龍の姿に。

「水はどうなの？」と聞いてみると、父の記憶では1955年、近くに琉大の志喜屋図書館が作られた際、龍樋の水が出なくなったが、首里城の復元時、志喜屋図書館を取り壊すと再び龍樋の水が流れ出したというのである。

気品あふれる凛々しい姿で湧きだす清水を送り出しているあの龍は、戦争と開発の両方の苦境を乗り越え今に至っているということなのか。ますますその美しさに惹かれる。

龍樋の水は国王の儀式に使われた神聖な水であり、飲料水としても用いられた。美味しいと評判で、中国からのお客様の飲料水として、毎日、宿であった那覇の天使館に届けられていたという話はよく知られている。当時この湧き水に感謝して造られたという7つの石碑も首里城と共に復元された。
県外に行くと神社の境内には龍口から流れ出ている風景をよく見かける。龍は雨を司る神格で「龍神様」と崇められており、神聖な水は龍の口から届けられるといういわれがある。お城や神様の住む館の水が、龍の口から流れ落ちることはそう珍しいことではないようだ。オーストリアのウィーンの王宮内とザルツブルグ城内の樋がそれぞれ龍口だったことを実際目にして、龍口は万国共通であることを知り、私は感動した。

内にコスモスを持つ者は
　世界の何処の辺遠に居ても
　　常に一地方的の存在から脱する
　　　内にコスモスを持たない者は
　　　　どんな文化の中心に居ても
　　　　　常に一地方の存在として存在する

高村光太郎　「コスモスの所持者宮沢賢治」

これは、地域雑誌『谷中・根津・千駄木』の「その十六 井戸 台地から貰う水」の最初のページに書かれた言葉で、大好きな言葉が、私のテーマとなる「湧き水」に関する特集の最初に書かれていることがとてもうれしく、時々、頁をめくる。

小さな沖縄という島で湧き水というかなりマイナーなテーマを掘り下げていく中で見つけたことが、思いかけず世界にも通じていた。人類が共通の認識を持つことの不思議さをあらめて感じる。

内容の筋がずれてきたようにも思うが、そのついでにもう少し脱線してみたい。

王様へ水を運ぶのは神様の仕事だけれど、下々の庶民にまではいくら神様でも手がまわらない。でも神様はさすがである。龍の使いである蛇にその仕事を任せたのである。あなたの所にも水の恵みは今もしっかりと届いている。そう蛇口から!! 水は神様からの贈り物。そんな大切なことを思い出すためにも、私は時々、あの龍に会いに行きたいと思う。

首里城の中には龍樋・寒水川・正殿裏にある井戸と3つの湧き水がある。周辺にも金城大樋川・潮汲川・仲之川・寒水川樋川などいくつかの湧き水が残されている。城の東側に位置する赤田・崎山・鳥堀は、首里《しゅり》三箇《さんか》と呼ばれ、琉球王国時代に王府の命を受け泡盛の製造を許可された地域で、今も実際に蔵元があり、その周辺を歩くとお酒の甘い香りが漂ってくる。いい水から生まれたお酒を直接味わうチャンスに遭遇することもきっとあるはずだ。

数年前、酒どころであったその地域の井戸を小中学生が自由研究で調査をしてまとめたことがある。「眠る井戸発見」という見出しで273基を確認したと新聞は伝えていた。小さな路地の奥に眠る井戸。生活や文化に貢献した井戸の記憶。私もいつか訪ねてみたいと思う。

あ、龍樋の水が本物かどうか？　気になる謎について、先日NHKのテレビ番組「ブラタモリ」の首里編の中で、ついに真実が解き明かされた。龍樋の水を実際に調べるというシーンがあり、地下水の滞留時間を測定できる電気伝導度を測定。地中に長くとどまっていた証となる高い値が出ており、水道水よりもはるかにカルシウムが多く含まれている水ということが解った。つまり本物の湧き水であることが証明された。正直ほっとした。

参考資料『水の道具誌』　山口昌伴著

佐司笠樋川《サシカサヒージャー》

平和を繋ぐロイヤルデザイン　那覇市首里

久しぶりに首里の桃原町にあるレストラン「ラ・フォンテ」を訪れた。「ラ・フォンテ」とは、イタリア語で水の湧き出る「泉」を意味する言葉。近くに佐司笠樋川という琉球王朝ゆかりの古い井戸があり、お店の名前はそれに由来している。

3月の終わり、春のやわらかな日差しが心地いい季節。食事が終わって庭へ出てみると、いくつもの石樋から水が流れ落ち、あたりの緑も輝いている。庭から駐車場に出て敷地のフェンス沿いに歩いていくと、佐司笠樋川にたどり着く。

今から約500年前に、第二尚氏王統三代国王・尚真王の長女佐司笠按司加那志《サシカサアジガナシー》が、福木の大木に鷺《さぎ》がとまるのを見て掘り当てたという。この場所は最後の王となった尚泰の四男、尚順の屋敷である松山御殿。現在も尚家の敷地内にあるが樋川は自由に見学することができる。住宅地の中に、泉のある場所だけは昔のままで木々が生い茂り、下りの古い石畳を頼りに歩いてゆけば、過去の時間と空間に導かれタイムトリップするようだ。

古都首里には、今でも60か所以上の湧き水が残されており、特に首里城周辺には、観光客もよく訪れている古い井戸がいくつかある。首里の湧き水の魅力のひとつに石積みの美しさがあり、その中でも佐司笠樋川の石積みは格段に素晴らしい。

１４７７—１５２６年に造られたこの井戸には石樋があり、その樋を囲むように円筒状で３段の相方積みは数メートルに及ぶ。樋口の側から上を見ると、ガジュマルの枝から伸びた太い気根が垂れ下がり、丸く切り取られた青空がぽっかり浮かぶ。３６０度、ぐるりと石積みに囲まれ、まるで小さな円形劇場の舞台に降り立ったよう。

県内あちこちで湧き水を取材していると、首里から遠く離れた北部・中部・南部の各所に佐司笠樋川をモデルに造られたという樋川がいくつか見られる。当時「ロイヤルデザイン」として人々が憧れ、石工たちがそれに似せて造り、地域の湧き水の美しさを誇ったようだ。

佐司笠樋川はどんな干ばつでも水を絶やすことがなかったといわれるほど水も豊富だった。地域の貴重な水源だったことから、桃原村の飲料水としても使われ、現在でも井戸を拝みに訪れる人が絶えないという。

佐司笠樋川のある場所からさらに石段を下りてくと、一緒に行った友人が短いトンネルらしきものを発見した。進んでいくとその先には小さな井戸があった。横幅が1,5メートルほどの石積みで水ためは長方形に囲われている。高さが2メートル近くある緩やかな曲線を描いた丸みのある屋根が印象的だった。水たまりの中にはわずかに水が湧いている。周りを壁に囲まれたような閉塞感のあるその場所は何とも言えない雰囲気があった。傍《かたわ》らには水をためたような所もあり、先ほどの佐司笠樋川とは違い、住民の生活の跡が感じられた。

自宅に帰って調べてみると、後で訪れた井戸は世果報御井小《ユガフーウカーグヮー》といって、王朝時代より炊事、洗濯などの生活用水として使われたようだ。沖縄戦で埋没したが、昭和61年に掘り出された。その際、古い鍋や食器類が出土した。戦争中に炊事をして餓えをしのいだ場所でもあった。

戦後70年余った今、80代から90代と高齢になった戦争体験者が「今、語らなければ」という思いで、辛く悲しい記憶を絞り出すように証言している。その悲惨さ、恐さ、無念さ、苦しさ、辛さが胸に迫る。あの時、この世果報御井小でも「敵に見つかりませんように」と祈りながら、正に生きるか死ぬかの状況で水を汲み、わずかな食糧を調理して命をつないでいたのかと想像すると、戦争の恐ろしさが少しだけ体感できるような気がした。

その場所に立って感じることが少しでもあるのなら、湧き水を訪ね、そこで体験者の話を聞くのも、悲惨な戦争を二度と起こさないための平和教育につながるかもしれない。

後日、フェイスブックで佐司笠樋川の写真をアップしたら、思いがけないコメントにびっくりした。

佐司笠樋川

「ガイコツが写っているように見えてしまいました。木陰で一休みかな？」

ええっ！　ガイコツ？　そりゃまずいんじゃないの……と怖々《こわごわ》写真を見たら、なるほど、佐司笠樋川の3段の石段に木漏れ日が差し込み、光と影の具合で遠目に見ると、石段に腰かけたガイコツさんが春の光にうたた寝しているように確かに見える！

「ピュアの心を持った人だけの前にあらわれる王子様の化身?!」

「きゃ〜、王子様はどこどこ？」

と勝手に盛り上がる女子たちなのであった。

平和な世がいつまでも続きますように。ガイコツさん、どうか私たちを見守っていてくださいね。

識名・上間・真地・繁多川のカー

水と共に歩んだ地域

私は5歳から11歳という最も多感な子ども時代を識名という場所で過ごした。その前後は那覇市の中心部で過ごしているが、同じ那覇市内とはいえ、自然が豊かでのびのびと過ごした場所は私にとってまさに「エデンの園」だった。ユーミンの「やさしさに包まれたなら」の歌詞を耳にするたびに私はあの地を思い出す。

特に印象深いのが、識名の高台から眺める慶良間沖に沈む夕日。私の生涯の中で最も美しいと思える風景なのだと思う。

陽が傾きかけ、東の高台に並んだコンクリートの白い建物の壁が一斉にオレンジに染まる頃、私たちは車も上れないような細い急こう配の坂道を、識名交番所に向かって一機に駆け上がる。夕日に照らされ光る海とオレンジ色の大きな太陽の一点が触れ、じぃっと音がするのではないかと思うあの瞬間から、海に沈む太陽をじっと見つめる。景色はブルーと紅が混ざり合った不思議な色に変わり、ゆっくりと、でも、地球が動いていることがわかるくらい少しずつ太陽は姿を消してゆく。楽しかった一日の終わり。満ち足りた気持ちで坂を下り家路につくのだった。

識名の高台（識名トンネルの上）には、古くから地域の人々の生活を支えた識名ウフカーとヒージャーガーという湧き水が今も残されている。水源を石積みで囲み、水が汚れないように屋根がとりつけられ、災害時等にはこの水を生活用水や防火用水に使えるようにして整備されている。

以前、識名の自治会の方に「ここは首里城が造られる前にお城の場所として候補にあがった場所だったと伝えられている」というお話を聞いた。海の彼方を見渡せる高台であることに加え水が豊富であることは、城を造る上では欠かせない条件のはず。けれども、結果的にお城は首里に造られたおかげで、今でもここは静かで暮らしやすい場所になったのかもしれない。

当時の小学校区は、識名・上間・真地・繁多川と広かった。放課後、クラスメートの家を周って遊ぶので、とにかく子どもの頃はあのあたりのスージ道をよく歩いた。たまには田んぼの畦道や人の家の敷地、塀を越え近道と称して道なき道もどんどん突き進んだ。

このあたりはいい水が湧き、戦後までかなりの世帯が豆腐を作って生計を立てていたほど、豆腐作りが盛んな地域だった。私が小さい頃はお豆腐屋さんが鐘を鳴らして、ゆし豆腐を売り歩いていた。鐘の音が聞こえると家々から子どもたちが小鍋を手にいっせいに集まる。当時、

ウフカー（繁多川）

ハンタガー　カーヒラシー

木製の汁茶椀一杯分のゆし豆腐が10円だった。私の家は4人家族でいつも10円玉3個を握りしめ、ゆし豆腐を買いに行った。丸い大きな筒状の缶2つを天秤棒で担ぎ、ゆし豆腐を売ってるおじさんは子どもたちの人気者だった。今考えるとすごく重労働だったと思う。でも、あつあつのゆし豆腐は本当においしく、はふはふいいながら食べたことを思い出す。おじさんにとってもきっとやりがいのある仕事だったにちがいない。今でも何軒かのお豆腐屋さんが営業している。

佳子様、眞子様が小さい頃お忍びでお母様の紀子様と訪ねられたことがある、という話をあるお店の方からうかがったことがある。おふたりとも美味しそうにできたてのお豆腐を召し上がったそうだ。

県外では豆腐の味は、軟水の「水」のおいしさをそのまま感じられるものが、豆腐のうま味として好まれるようだが、沖縄の豆腐は、豆の味がしっかりと前に出ている所がうま味、美味しさとして感じられるような気がする。沖縄では、豆腐が美味しくできる水は硬水で、海のにがりと相まって豆の味が濃い。沖縄の豆腐の味は、まさしく「大豆」の味であると思う。

沖縄の人は、豆腐がおいしくできる湧き水を「豆腐水」と呼び、ここの水はおいしい豆腐が『生まれる』という言い方をする。

繁多川は、石田川《イシジャガー》、繁多川《ハンタガー》、大川《ウフカー》、坊主川《ボージガー》など水に恵まれた地域だが、中でも坊主川の水は特に美味しかったと言われ、繁多川の豆腐作りに欠かせなかったようだ。

地域の小学校では実際に大豆を畑に植え、豆腐作りまですべて体験できるプログラムが地域の総合学習として盛り込まれている。繁多川自治会では12月を「豆腐の月」として、豆腐作りを通して地域の交流を深めるイベントを開催し、年に1回（6月第2日曜日）は、総出で「カーヒラシー」といって、水を全部汲み出し、湧き水を掃除をする行事が行われ、地域の防災講座等でも水を活用している。

お隣の真地にはムラガーや琉球王朝時代の別邸「識名園」の中にある育徳泉、そして上間にある上間ガーは、昔ながらの池（クムイ）も残り、共同井戸の風景がそのままが保存されている。

かつての沖縄の生活の匂いが残るこの地域は、水と共に歩んだ歴史が今もなお色濃く残る懐かしい風景が広がる。

シグルガー

羽衣天女が舞い降りた井戸　那覇市銘刈

那覇は戦前、港を中心として栄えた西町・東町から、戦後、国際通り周辺、そして、近年まで長い間アメリカ軍に接収されやっと返還された天久新都心へと、街の中心は大きく変わった。

現在の天久新都心に初めて足を踏み入れたのは高校生の頃。放課後、友人とフェンスの破れた所から中に入った。きっと土地はもう開放されていたもののまだ整備はされておらず、原野とその上に広がる大きな空、ホームレスが寝泊まりしていたのかいくつかの小屋がぽつんぽつんとあった。印象に残ったのはシロツメクサが一面に咲いていたこと。テレビや本などでは身近にある雑草として紹介されることも多い花だけど、本物を見たのはその時が初めてで、これがあのクローバーなのかと目を見張った。今は沖縄でもそう珍しい植物ではないが、案外入ってきたのはそれほど昔のことではないのではと思う。

天久新都心はそれからあっという間に建物が立ち並んだ。今から10年ほど前、私もこの街で暮らした経験があり、新しい土地に住むときにはその土地の湧き水の神様にご挨拶をしなければいけないと取材を通して聞いていたので、新都心のカーを訪ねてみた。

住所が銘苅だったのでその辺りを探すと、玉城朝薫の組踊「銘苅子《メカルシー》」の舞台になったと伝えられているシグルガー（直緑）があった。物語は沖縄版羽衣伝説。天女が水浴びをした泉と伝えられている。

車の往来の激しい道路から少し入った場所に歩道より少し下がっていくなだらかな道があり、あたりは緑に包まれている。第二次世界大戦後、およそ50年近く入ることが許されなかった土地に残された古い井戸だった。

銘苅という地名は『球陽』にも記されており、もともとは浦添間切の銘苅村のことと推測される。となると、この湧き水は500年以上前から湧き続けていることになる。のぞいてみると大きな岩の下に囲われた水ためにはきれいな水が湧いていた。

銘苅出身の方々が少しずつ元の場所に戻り、お掃除や周りの整備を行うために活動していたのでお話をうかがった。当時、小学校が開校したばかりで、若い子育て世代の方々も目立ったことに希望を感じた。開校の際、校歌が公募され、お話をうかがった長堂さんの歌詞が採用されたという。「緑と花に囲まれて、清く静かな天女の泉」というフレーズに故郷の泉を子どもたちに伝えていきたいという気持ちが感じられた。お隣の安謝小学校の校歌にも「銘苅が丘の夕空にあまつ乙女の羽衣の舞もうれしい夢のあと」と歌われている。

また、銘苅区域の子どもたちが組踊を演じて発表する機会もあると聞いて、是非見てみたいと思いながらもなかなかタイミングが合わず残念に思っていたところ、新聞に子どもたちが「銘苅子」を演じるという記事を見つけてうれしくなった（平成28年2月）。今年で10年目なのだとか。現在は浦添の子どもたちも参加し、伝統を受け継いでいるという。

県内にはここの他にもいくつか羽衣伝説の残る湧き水がある。もっとも有名なのが宜野湾市の森川《ムイヌカー》。他にも浦添市の立津《タチチ》ガー、西原町の烏帽子《ユブシ》ガー、与那原町の親川《ウェーガー》、南風原の御宿井《ウスクガー》、調べてみるとまだあるかもしれない。

新しい街と湧き水はなかなかイメージしにくいかもしれないが、シグルクガーの周辺は貴重な自然の緑地帯が残され、ホタルをはじめ貴重な動植物が確認されている。都会といってもきちんと自然を保護することを初めから目的にしておけば水も同様に大切な環境の一部として残すことが可能であることを教えられる。校歌や組踊の上演を通して子どもたちには湧き水があることを地域の大人たちから伝えて欲しい。

ところで、私の所には時々、友人や知人を通して、または全く知らない人から「〇〇の井戸を探していますが、知りませんか？」という問い合わせがある。新都心に関しても2、3度聞かれたことがあるが、この辺りに残されている古い湧き水で私が知っているのは、このシグル

シグルガー

森川（宜野湾市）

クガーと、安里にあるカンラガーの2か所だけ。こちらも歴史は古く400年以上も前からの伝承がある。中国から持ち帰った芋のかずらをこの水に浸したことから名がついたという。もちろん、水道が入る以前までは地域の方々の飲料水や生活用水に使われ、昭和30年代までお正月の若水も汲まれたそうだ。カーの上にはトタンの屋根が取り付けられ、中を見ることができなかったが今も水が湧いている。傍らには小さな畑があり芋が植えられていた。

地域の人にお話を伺うと、新都心への道路が開通されるために、地域の井戸は移動を余儀なくされた所もあったようだ。けれどもここだけは、カーの保存を考慮した上で道路の設計がなされ、形をそのまま残すことができた。

古い街の姿も大切にしつつ、生活に便利な新しい街が生まれる。大切な事は何だろう？ と立ち止まり考えながら進むことがとても重要なのだと思う。

湧田井《ワクタガー》

今はなき我が家の産井　那覇湧田

東日本大震災関連の報道で強く心に残った記事があった。「愛した家の水　最期まで」。福島県内のある80代の女性に関するもので、いつも飲んでいた自宅近くの湧き水が飲めなくなったけれど、ある日、避難先からどうしてもその水を汲みに行くといって自宅に向かい、ペットボトルに水を汲んだあとその場で倒れて亡くなったという内容である。家族は「(死期を悟ったうえでの)死に水だ」とインタビューに答え、記者は「これで古里に帰れたということになるのだろうか」と結んでいる。生まれた時から水道のお世話になっている私にとって古里の水と呼べる水はないのかもしれないが、生きる上でこんなにも大事な水が汚染され、その水から引き離された苦しみを思うと切ない。

沖縄ではかつて先祖がお世話になったという理由で、地域の湧き水や先祖が利用したと伝えられる湧き水を拝む習慣が残っている。これは水を得るのが難しい地域性によるものだと言われているが、他にも戦時下において、逃げ惑った中で命をつないだ水、または家族が最期に飲んだであろう水、疎開先でお世話になった湧き水などを探して拝んでいる人を見かけることがある。半世紀以上たった現在において熱心に拝んでいるその姿を見ていると、水に感謝をするというのは、今、ここにある命に感謝するという、生きるための基本中の基本なのかもしれないと感じる。

お世話になった水を拝む方がよく口にする「水は命の源である」という表現がある。私という命が誕生するまでに多くの命がつながっている。その命をつなぐための水があり、それを自分のルーツとして大切にすること。それが自分の古里を、そして親や祖先を大事に思うことにつながっているのだと思うと、とても大きな意義があるのだと思う。

私の両親は那覇生まれ那覇育ち。私もそうである。祖母の家は楚辺と開南という那覇の中心部に位置する場所にあった。私の出身小学校は、沖縄県庁と那覇市役所の間にある開南小学校。童謡唱歌「ふるさと」のイメージからは程遠く、小さい頃は夏休み明けに友達が山原のおばちゃんの家に泊まった話などを聞いてうらやましく思うこともあったけれども、大人になった今、自分なりに祖先のルーツにあたる場所を確認し、我が家の産井《ウブガー》かもしれない湧き水を探ってみたいと考えた。

我が家のルーツになる湧き水は現在の泉崎にあったという湧田《ワクタ》井《カー》ではないかと思う。17世紀の初めより作られていたという「湧田焼」の産地としても知られる地で、現在、湧田という地名はないが、現在の地番にもなっている「泉崎」村にあった。「湧く」や「泉」という字が示すように今は全く想像ができないが、当時は水が豊富にあったようだ。

今から10年ほど前、湧田井をご存じだという崎間麗進さんにお話を伺ったことがある。やはりこの辺りは水が豊富で、2メートルも掘れば湧いたそうだ。石で囲われたアーチ型の屋根があり、前面は石畳だったという。当時は飲料水や生活用水に使われ、水ための淵まで水があり、釣瓶で汲んでいたそうだ。

地域の家庭には井戸もあり、日常、その水を使う人も多かったようだが、豆腐を作る人も湧田井に水を汲みに来ていたそう。溢れる水は池に注ぎ、その途中にうなぎを見つけることもあり、小さい頃はそのうなぎを釣って遊んだと楽しそうに崎間さんはお話していた。

子どもが遊んでいる途中、びっくりしてマブイを落とすと、湧田井から水を汲み額につける。落ちた魂は井戸の水により復活したのだという。

崎間さんは「人間の一生には三大行事がある。誕生、結婚、そして死。誕生の時のウビナディは、人間としての誕生、命をいただく行事。結婚については、沖縄の儀式は三々九度ではなく、『水盛』という儀式がある。新郎新婦の家庭からそれぞれ水を持ち寄りふたつの水を合わせ額につける。最後は死。水を浸した脱脂綿を唇にあてる。これは最後の確認だ」と教えてくださった。

残念ながら湧田井とその石碑は戦災で破壊され現存しないが、東村にある福地ダム資料館に1865年に作られた湧田井の碑文のコピーが展示されているというので東村まで足を延ばした。湧田井は、通称新井《ミーガー》と呼ばれ、水量豊かで地域の飲料水に使用された。那覇は海が近く井戸水は塩気を含んでいたため、久米村や東町・西町からも水を求める人がいたようだ。この水は良水なので水浴びや洗濯などをして水を汚さないようにと衛生を維持するための取り締まりの条文が記されているというものだった。

実際に手に触れることのできる水はもう今はない。けれども湧田井を知る方から伺ったお話や碑文の中から、私は自分の古里の風景をひとつ見つけることができた。それは小さな、けれども大切な宝物のひとつになった。

参考文献　『沖縄大百科事典』沖縄タイムス社編

落平樋川《ウティンダヒージャー》

海を越えて運ばれた水　那覇市垣花

先日、県外の大学生が沖縄研修で、湧き水fun倶楽部の活動や沖縄の湧き水が人の生活にとってどのように関わってきたのかを知りたいと訪ねてきたので、湧き水fun倶楽部顧問の金城義信さんに講義をしてもらった。

金城さんは沖縄県企業局でお仕事をされ退職後も専門分野でさまざまな指導や助言等を行っており、著書『沖縄の水道　その歴史と技術の変遷』（新沖縄経済社）には沖縄の湧き水に関する興味深い資料も数多く収められている。是非関心のある方に読んで頂きたい。

金城さんの話は、沖縄の水の歴史をグスク時代のチチンガー（大里城跡）から、雨水利用、人工井戸、そして水道の始まりに関係する「落平」へと進む。

沖縄で水道らしいものは現れたのは、１８８３年（明治16年）～１８８４年（明治17年）頃。現在の山下町に位置した落平樋川《ウティンダヒージャー》から土管で水を引き、一般に給水したという。当時、落平は、水量の豊富な湧き水が崖の上から流れ落ち、その水を伝馬船に乗せて売る光景が見られた。その水を引いたのが沖縄の水道の始まりである。

同書の中から少し紹介すると、土管や松材の木管を利用して送水し、貯水池を経由して4個の水口から一般に無料で給水するようにしたが、水口が少なく多数の人が殺到したため給水に時間を要し、さらに松材の木管から松脂が溶けて臭気が出たため利用者も次第に減り廃止するに至ったのだという。

琉球王国の交易の拠点として、また港町として発展してきた那覇の井戸水は塩分が高く大半は飲料水に適しなかった。人々はほとんど天水と屋敷内の私有井戸を飲料水として使用し、塩分の高い井戸水は雑用水に利用していた。『那覇市の水道50年史』によると、昭和の初めに那覇市の全3220か所の井戸を調査したところ、約80％が飲料水に適しなかったそうである。西本町98％、西新町、辻、上之蔵町が100％、東町が99・4％。逆に飲み水に適した井戸が多かったのが、松下町の134か所（86％）、上泉町の127か所（63％）、住吉町の98か所（42％）等である。那覇市における近代水道創設の動きは、明治30年以降、大正時代にかけて何度か具体的な計画を立て調査等を実施してきたが、いずれも財政問題、水源地問題、第一次世界大戦等の影響で実現することができなかったという経緯がある。

そんな戦前の那覇は水の苦労が絶えなかった。対岸にある「落水」から伝馬船や天秤棒で水

ウティンダ　香炉

を運んで売る業者に人々は殺到した。島袋全幸さんの『昔の那覇と私』によると、当時、この水で商売をしていた人は30人ほどいたようで、1斗缶（18リットル）で3銭だったそうだ。このような光景は昭和初期まで見られた。私の両親は戦前、那覇に生まれ、幼い頃、港に浮かぶ伝馬船を覚えている。両親の記憶だと、水も運ばれていたそうだ。漁船に積んでいたのだろうという話である。

その後、自然の水を「ろ過」「消毒」し、「管路による圧力給水」で水を送り出す「近代水道」は、沖縄では1933年（昭和8年）に那覇で始まる。日本では明治20年に横浜で始まった。日本、沖縄といずれも共通するのは港町であること。港から入る伝染病予防対策として衛生的な水が必要だったので、近代水道はとても重要だった。港は人や物を外から受け入れ、町は活性化する反面、衛生面からすると伝染病等の負の産物も一緒に入ってくる危険性があり、予防のためには清潔な水が不可欠である。やはり水は町の発展になくてはならないものだと実感させられる。沖縄の発展に大きく寄与した那覇の近代水道は、1944年（昭和19年）10月10日の大空襲でことごとく破壊される。

落平は現在セルラードームスタジアムの向かい側、9階建ての住宅公社の一角に今も残る。石灰岩の石樋から水が流れ落ち、側には「ウティンダ」と明記された文字板と香炉が備わっており、人工的な建築物の中に突如現れる拝所は一見すると異質に見えるが、この水を拝むために訪れている人がいることを知りとても安堵する。沖縄にはこういった拝所がまだまだ残っていることがうれしい。

余談だが、以前、湧き水 fun 倶楽部が作成した『沖縄の湧き水カルタ』にのせる「落平」の古い写真を探した時のこと。

絵札は基本的に現在の様子を撮影したものだが、「落平」は伝馬船に乗せた樽に樋から水が注がれている戦前の写真を使いたかった。その写真は那覇市の史跡案内にも使われているので問い合わせてみると、ある機関から借用しているので、そこに問い合わせてほしいという返答。電話をして確認したがすぐには解らず、後日、『熊本県立図書館』の所蔵であると伝えられた。連絡すると、「確かにうちの所蔵だが、沖縄の写真はまとめて現地で保存され復元作業に使われています。それは浦添市教育委員会の文化課にありますよ」という返事。課は違うけれど私の所属先だった。

青い鳥を探しに旅に出たのに、お家の中にいたのね。「落平」の写真は無事、湧き水カルタに収まった。めでたし、めでたし。

（熊本県立図書館所蔵）

那覇市首里
龍樋

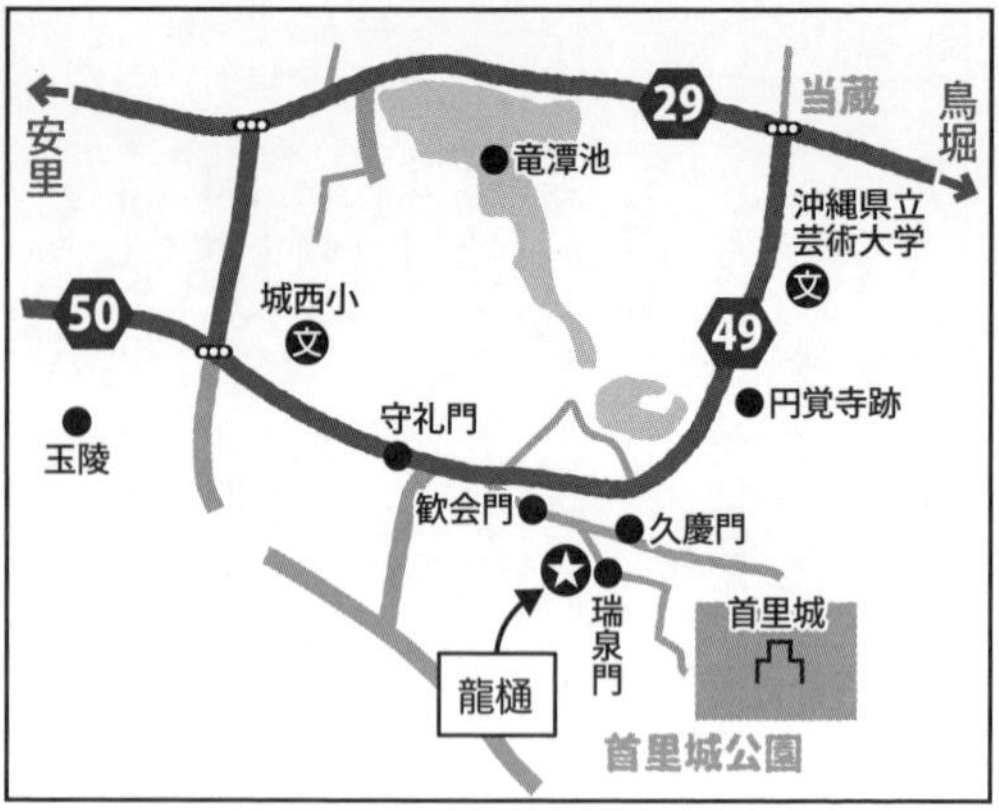

那覇市首里
佐司笠樋川

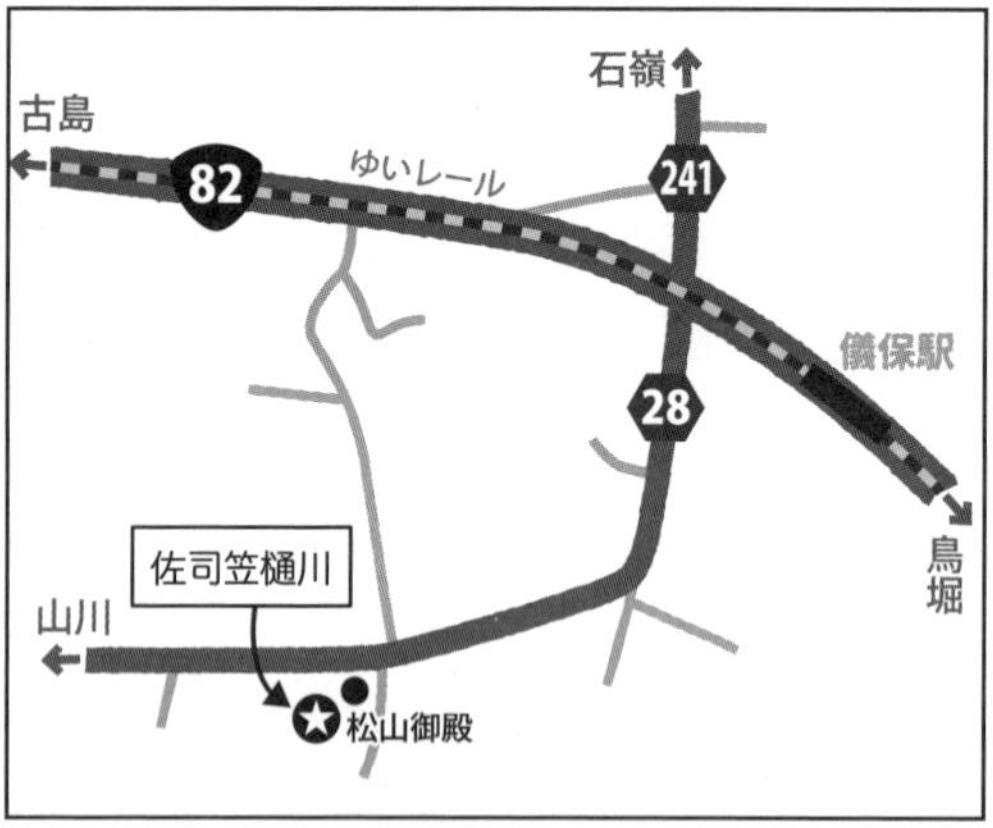

那覇市識名・上間
真地・繁多川のカー

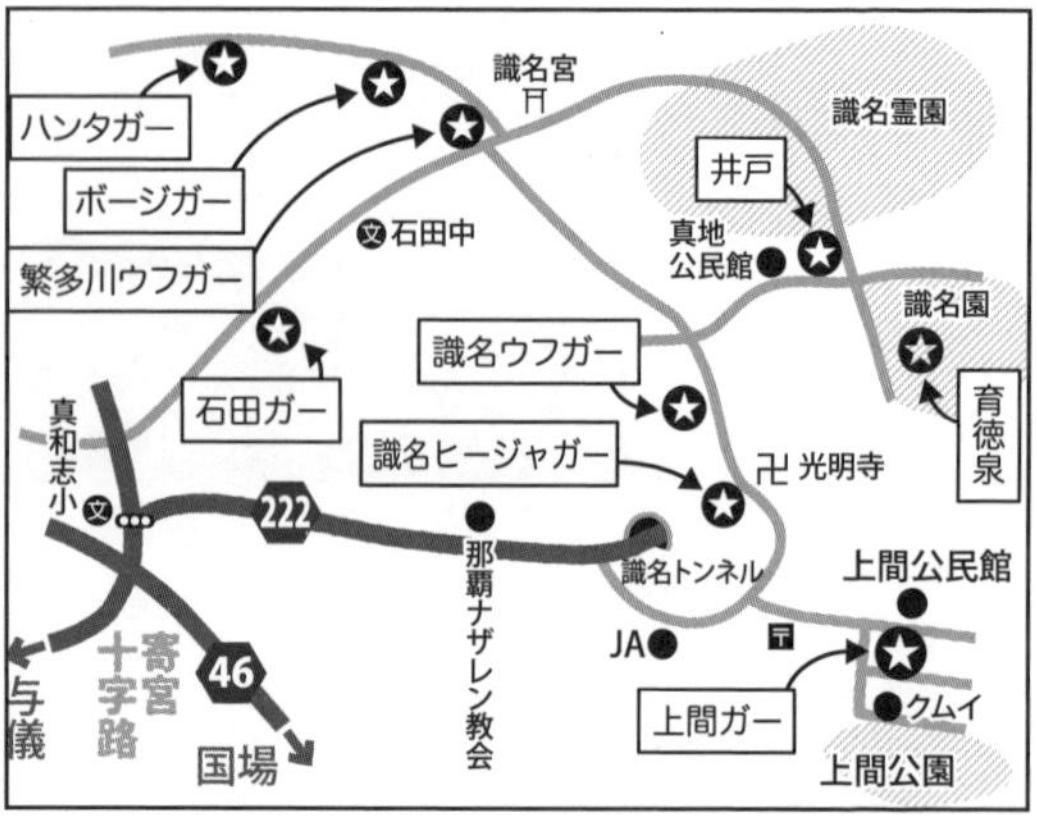

那覇市銘苅
シグルガー

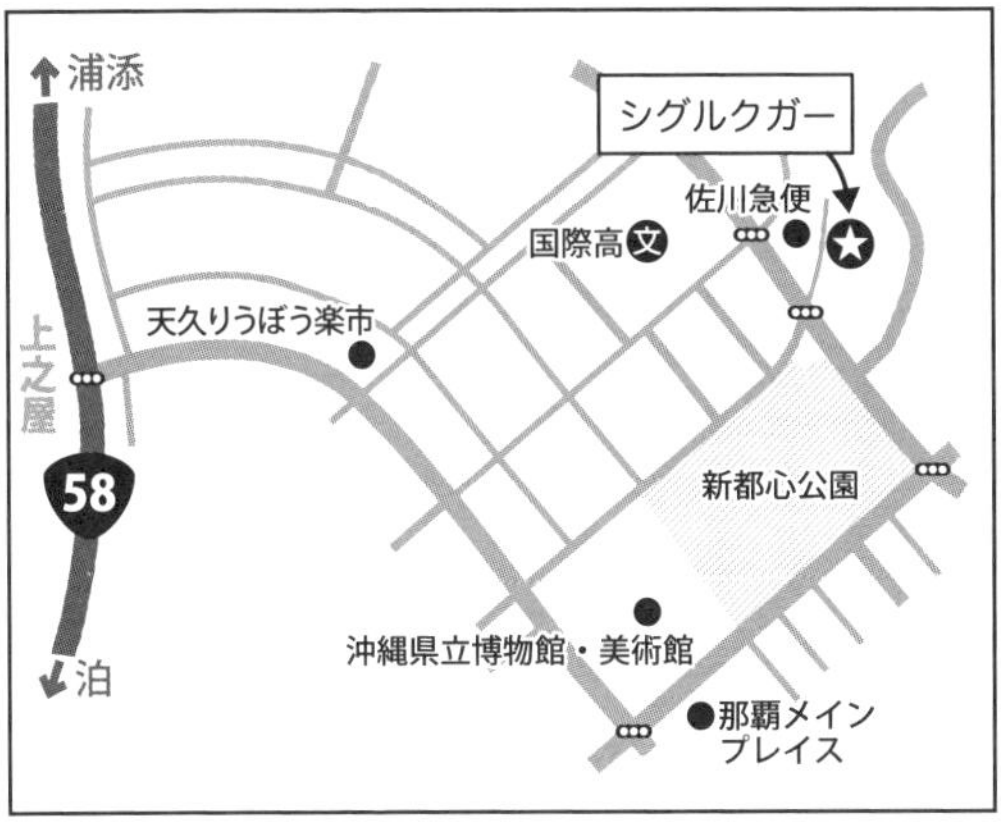

那覇市垣花
落平樋川

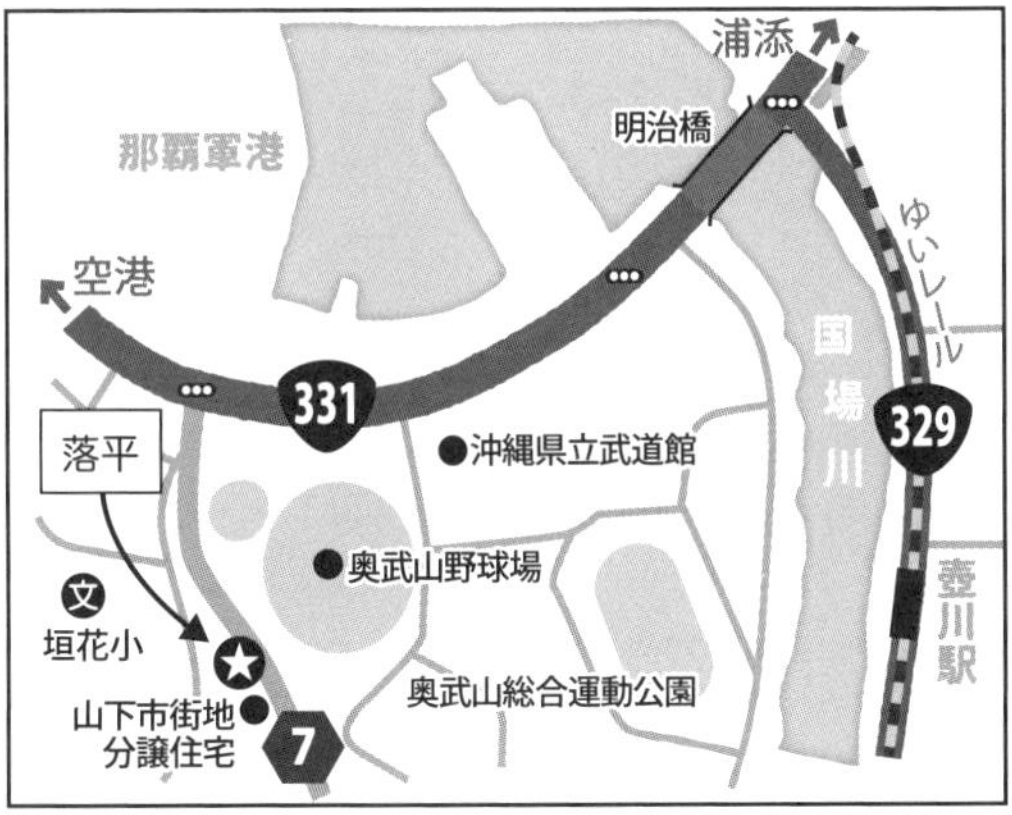

島じまの湧き水

上之《ウィーヌ》井戸《カー》

泡盛造りにも使われる美味しい水　伊平屋村島尻

　もう十数年前の事だが、母とふたりで、当時伯父夫婦が暮らしていた金沢に遊びに行ったことがある。特に印象に残ったのが「ご飯の味」。普段、どちらかというとご飯よりおかず派の私は、お米をそう多く食べる方ではないのだが、その時は違っていた。おかずそっちのけで、気がつくと白いご飯ばかり取りつかれたように食べていた。見かねた伯母に「私の分もあげる」とお茶碗を差し出され我に返った。「きっとお米が違うのね。ここのお米は美味しいから」と帰り際、近所に住む親せきの分までお米を持たされた。うちに帰って早速炊いてみると「う～ん、違う」と首を傾げた。そうか、水が違うんだなぁ。目から鱗だった。

　去年の夏の終わり、新米の季節を迎える伊平屋島を訪ねた。伊平屋島は南北に長く、標高294メートルの賀陽山を最高峰とする山地が島内の大半を占めており、湧き水も豊富だ。我喜屋集落にある真　井戸《シンジャカー》の全面に広がる田んぼを眺めていると、この地域の地下水の豊かさが分かる。

10年前に訪れたときもそうだったが、田んぼのある風景にあまり馴染みのない私でもここに立つとなんだか懐かしいような、ずっと眺めていたい不思議な気持ちになり、静けさの中で時が止まったかのようにしばし言葉を失う。稲が刈り取られた後の田んぼは水が張られているだけだが、水面が光に反射して鏡のように輝きを放つ。

そうか、これも水のある風景なのだ。水のある安堵感。それはきっと生き物の性分なのかもしれない。

楽しみにしていたお夕飯。新米とあって味は格別だった。上質な伊平屋の地下水をたっぷり含んだお米は、艶やかで、口に含むとジューシーでもっちりとした味わいだった。私の集中力はここぞとばかり発揮される。五感の全てを使って味わう時、やはりそこには水の味というものが存在することを今は少しだけ理解できるようになった気がする。特にお米など淡泊な味わいの食べ物こそ、水の味がダイレクトに作用する。伊平屋の水は雑味が少ないのだろうか。

伊平屋島は、上水道が完備された今も十数か所の湧き水が残されており、お茶水だけもと愛飲されている方がまだまだいらっしゃるようだ。

中でも島尻の上之《ウィーヌ》井戸《カー》は、島で最も高い賀陽山の麓から湧く良質の水で、沖縄本島から観光で訪れた人も持ち帰ることがあるという。酒造りにも用いられ、伊平屋中の人が古くから飲料用として汲みに来るほど親しまれている。かつての湧き口は立派に整備され、そばにはなぜか漫画チックなタッチで、上之井戸で拝みをするおじぃとおばぁと子豚の姿が可愛く描かれた壁画があった。このような湧き水の記録は目新しく貴重だと思う。これからはどんどん若い人たちにも意識してもらうためにも伝え方の工夫は大事なのかもしれない。

私たちが訪れた時には、近くに住む男性がポリタンクを持って水を汲みに来ていた。水の栓を開けるとパイプから水が勢いよく出てくる。私たちがそばに寄ると、「美味しいよ。飲んでごらん」と薦めてくださったので、その場で飲んでみた。身体にすっと染み入るような柔らかな水だった。私たちは、島を離れる直前にもう一度上之井戸を訪れ、水をお土産に持ち帰った。

今回、伊平屋島から橋でつながる野甫島にも足を延ばしてみることにした。

聞いた話によると、野甫島にもいくつか湧き水があるが、水質は硬水なのだという。こんなに近いのに、水質が異なるというのも不思議だ。昔は人が亡くなった時に身体を清めるための水として野甫島の水が使われていたようだ。

知人のシェフが、野甫島には世界一旨い塩があるというので、塩を作る工房にも立ち寄った。硬水、死者、塩というのは何かつながりがあるのかどうかはわからない勝手な連想だったが、それは決して暗いイメージではなく、人生の終わりにある清らかさ、尊さ、美しさへの願いと重なり神聖な気持ちになった。硬軟。明暗。生死。それは表裏一体となって全てとなる。そん

上之井戸

なことを思うと、伊平屋と野甫という孤島の島々が補いあって満たされているこの世界がとても輝いて見えた。

塩は期待通りとても美味しかったので、自分用とお土産にいくつか買い求めた。最近、お土産の定番は水と塩が多い。去年は湧き水カルタの取材で多くの島を訪れ、各地の塩を買う機会があった。知人のシェフは「料理は水と塩で決まる」という。私もお土産セレクトの分野から行くとその域に達しつつあるのかもしれない。

よく「水の味わかるの？」と聞かれる。厳密にいうと比べられるほどわかっているとは自分でも思っていないけれど、ご飯を炊いたり、お茶を入れたり、出汁やスープをとったりすると、「あっ」と違いに気付く事がある。

十数年以上前、初めて湧き水の取材に出かけた時にあるおばあちゃんが教えてくれた。「昔からね『茶選ぶな、水《みじ》選べ』って言うよ。私はおばあさんから習った」と。水が選べるようになるまで、修業はまだまだ続く。

阿嘉ウフガー

若水汲みの情景　座間味村阿嘉

あらたまぬ年《トゥシ》に炭《タン》と昆布《クブ》かじゃてぃ
　こころからすがた若くなゆさ

＊新しい年に炭と昆布を飾り、心も姿も若返る気持ちだ。

「かぎやで風」の一首。祝いの幕開けになじみ深いフレーズは、沖縄のお正月に最もふさわしい。20年ほど前になるが、元旦まだ暗い中、若水汲みの取材に同行したことがある。そこには子どもや大人が20人ほど集まっていたであろうか。水音の清々しさが一層新年の気分を盛り上げる。水汲み場の壁には、冒頭の歌が紙に書かれ貼られていた。

元日の朝、初めて汲む水を若水と言う。その水は一年の邪気を払うといわれ、神聖な水として霊力が宿っていると考えられる。沖縄では仏壇にお供えし、水撫《ミジナ》でぃといって子どもの額につけて健康祈願をする風習があり、今も地域の湧き水でこの行事が受け継がれているところもまだまだ残る。日本では神棚にお供えし、雑煮を煮る水として使われているようで、若水汲みは沖縄独自の習慣ではないようだ。さらに海外ではマザーグースにイギリスの招福儀式として年の始めの日、朝一番に汲む水は、the Flower of the Well（井戸のクリーム）と呼ばれ紹介されており、汲んだ人は新年に幸運に見舞われると信じられているそうだ。ということは、若水汲みは世界共通の行事だと考えていいということだ。

沖縄では子どもたちが若水を汲み、家庭や地域の人に届けるとお年玉がもらえたようで、楽しい思い出を持っている年配の方も多いようだ。10年ほど前に旧暦の元旦に南城市の奥武島で若水汲みが復活しているということで、取材に行ったことがある。当時、地元の少年野球チームを指導していた方が中心となって、日ごろお世話になっている地域のお年寄りのお宅に、野球のユニホームを着た子どもたちが、青年会のお兄さんたちと一緒に、島のウブガーから釣瓶で汲み上げた若水を入れたコップをもって各家庭を周る。まだ寝ているお宅もあるので、それぞれの玄関に手紙を添えてコップをそっと置いてくることになっているのだが、子どもたちが来ることを知って、玄関口で待っていてくださる方も多く、中にはお年玉やお土産をもらって帰る子どもたちもいて、見ているこちらまで思わず笑みがこぼれるいい光景だった。

かつて若水を届けた子どもたちがもらったお年玉はどうしたのか、それぞれ話を聞いたりもしたのだが、文房具や毬などの玩具を買ったり、親に渡したという話が多かった。中でも印象に残ったのは「ヤギを買った」という話。子ヤギを買い、毎日草をあげて大きく育てて食肉用として売って儲けたお金を親にあげたという。若水汲みという労働で得たお金を資金にして、更に労働を重ね収入を増やすという自立心旺盛な当時の子どもたち。昔の子どもたちは本当にしっかりしていたんだなぁと感心した。

若水汲みの経験のない私にとって、小さい子どもがお正月という特別な日とはいえ、まだ暗いうちから井戸へ向かい、水を汲むということ自体、十分尊敬に値するのだが。

こんなふうに若水汲みの話を各地で聞いてきたが、中でも座間味村阿嘉島のウフガーで聞いた話は忘れられない。

「道に『まじゅんぐわぁ』といって白い砂を手づかみで、ちょうど相撲を取る時に塩をまくように、お正月の前の夕方にまいておいて、それから寝る。すると夜中の3時頃、親が起こしてくれるので、真っ暗な道を白い砂をたよりに若水汲みに行く。当時は旧暦のお正月だから（太陰暦では新月となる）月明かりもないので本当に真っ暗で、小学生の頃は誰かを誘って行ったけど、上級生にもなると自分ひとりで行きよった。楽しみはお年玉をもらうことだった」

美しい風景。素朴な暮らしの中、それなりの苦労もあるけれど、その結果得られる幸せ。充足感。本当に大切なことは何なのかを教えてくれる。このエピソードは、後に作成した『沖縄の湧き水カルタ』にも登場する。

「若水汲み、夜明け前の暗がりも迷わぬようにと白砂まく」この文章に、印刷とデザインをお願いした会社の担当の方が、白砂《はくしゃ》とフリガナをふってくださり、より清らかな響きとなってイメージがひろがった。音の持つ不思議な力を感じた。更に文章の修正をお願いした大城貞俊先生が、地名を入れることと、「の」を重ねることでリズムが整うことを提案してくださり、素敵な文章に仕上がった。

若水汲み　迷わぬようにと　白砂《はくしゃ》まく　夜明けの前の阿嘉のウフガー

暗闇の中、白く浮かび上がる砂を頼りに湧き水までの道を歩く心境は、大人になっても忘れられない光景なのだろう。人生で不安な気持ちに襲われた時、きっとあの時に見た真っ白い道標が前へ進む勇気を与えてくれる。ひとりそんなことを想像し、思いをめぐらせる。

若水の他にも当時多くの子どもたちがお正月の思い出のアイテムとして挙げるのが、若松《わかまーち》。山で若松を採り、畑に咲く菜の花（金）と大根の花（銀）を家の前に飾ってお正月を迎えたという。派手なイベントなんて何もないけれど、今、ここにあるもので充分満たされる毎日。そんな生活にそろそろ立ち返ってみるのもいいかもしれない。

阿嘉ウフガー

嘉手苅川《ガティガルガーラ》

松明を灯し身を清めた水　渡嘉敷村渡嘉敷

『沖縄の湧き水カルタ』を作成するにあたり1000か所以上存在する県内の湧き水から、絵札になる50か所の湧き水を選ぶのは至難の業だった。カルタを作るきっかけは湧き水の歴史や文化を次世代に伝えたいと思ったから。遊びを通して学べるカルタを県内の小中高校全てに配布することを目的に取り組んだ。子どもたちが実際に手に取った時、自分の住んでいる市町村の湧き水が載っていなければ興味が薄れると思い、41全ての市町村から、最低各1カ所は入れることを決め50か所を選定。沖縄は41市町村中、15か所の離島なので多くの協力を得て島にも足を運んだ。

梅雨が明け本格的な夏が始まろうとする頃、私は渡嘉敷島へ向かった。船の中は足の踏み場もないほどごったがえしていた。耳に飛び込んでくるのは中国語に韓国語。日本語よりきっと多いだろう。席どころか通路さえ人で埋まっているので、仕方なく甲板に出て海を眺めながら時を過ごした。「ケラマヤ　ミーシガ　マチゲー　ミーラン」の諺は、きっと沖縄人《ウチナーンチュ》なら耳にタコ。

小さい頃、父が単身赴任で渡嘉敷島に住んでいたことがあり、その時の話もよく聞いていた。夜間に急病人が出ると学校の運動場に工事用の大型車両が集められて円陣を作り、ヘッドライトを照らして、即席のヘリポートが作られ患者が搬送されること、夜、仕事が終わって、海の向こうの、家族のいる那覇の煌々と輝く灯りをひとり眺めていたこと……。

身近なようで遠い島。そんな渡嘉敷島を初めて訪れたのは中学校の頃。続いて短大のオリエンテーション。当時学長で渡嘉敷のご出身である金城重明先生から渡嘉敷島でのご自身の集団自決の体験談を聴いた。翌日、渡嘉敷から阿波連までみんなで歩いた。周囲には那覇あたりではほとんど見かけることのない田んぼが広がっていた。

その後、渡嘉敷には、体験ダイビングや仕事で何度か訪れた。

記憶をたどりながら船に揺られること1時間弱。あっという間にエメラルドグリーンの海に囲まれた渡嘉敷島に着いた。

港には友人の陽子ちゃんと娘さんの柚ちゃんが迎えに来てくれた。「本当に海がきれいだね〜」を連発する私に、県外から結婚を機に島に移り住んだ陽子ちゃんは、「ともこさん、沖縄の人なのになんでこんなに海に感動しているの?」と笑った。

社交辞令ではない。沖縄本島に住んでいてもこんなに澄み切った美しい海を見ることはなかなかないのだ。何度も訪れている場所でも、季節が違えば印象は変わる。当然といえば当然なのだが、あらためて渡嘉敷の海が世界的にも注目されていることを実感した。

湧き水を案内してくださる新垣光枝さんと合流し、早速、集落内の湧き水をまわった。渡嘉敷島は昔から水が豊富で各家庭に井戸があるので生活用水には事欠かなかった。けれども、石灰分が多いので、飲料水は集落の南側の山の麓に湧く「嘉手苅川《ガディカルガーラ》」に汲みにいったという。

集落を少し離れ田んぼを抜け、こんもりと緑が茂る場所にたどり着き、車を降りた。小さな橋を渡り山へ向かって歩き出すと、涼しげな水の音が聞こえてくる。音に向かって歩くと、きらきら太陽の光が反射する水面が私たちを迎えてくれた。水は清く澄み、緑の奥から小さな樋を伝って流れ落ちてくるのが見える。柚ちゃんはあっという間に水遊び。私もそっと手を触れた。暑さを吹き飛ばす冷たさ。

「嘉手苅川の水清く……」と渡嘉敷小中学校の校歌にも歌われ、地域の人たちに最も親しまれた島の水。人々の暮らしの源であり、豊かな米も実らせる。

実は15年前にも私はこの湧き水をラジオの取材で訪れている。当時はもっと奥まった所にある印象で、迎えてくださった区長さんが、背丈ほどもある草を3時間かけて刈ってくださり、現場に行くことができた。水道が入り生活から遠くなってしまったが、これを機に以前のように拝むことができると地元の方は喜んでいた。

嘉手苅川

ウチマシガー

当時、お話を伺ったテープを聞くと、誰もがこの水の美味しさを語っている。特にお茶の水には欠かせなく、汲んでくるように言われた子どもが、嘉手苅川が遠いので近くの水を汲んだらしっかりバレた。男性が酔い醒ましに嘉手苅川を訪れたという話もあり、「昼間も静かだけど、夜の嘉手苅川はいくら男性でも怖いのでは？」と尋ねると「酔っぱらっているからわからんさ～」と返ってきた。暗闇の中、緑に囲まれた場所で聞こえる水の音を想像するとちょっと羨ましい。

明治生まれの稲守信子さんはこんな話をしてくださった。秋に行われる種取祭では、女性の神人につきそう男性が、その日の夜明け前、嘉手苅川で身を清めた。暗い道を行くので松明を灯して訪れたという。神聖な空気と清らかな水。想像しただけで心に静けさが広がる。

時は流れ、暮らしも変わる。けれども清らかな、そして心のよりどころとなる故郷の水が、もしかするとまだあなたのそばに残されている。そんな幸せに多くの人が気づいてくれたらと私は願う。

ムイガー

姉妹より聞く物語　宮古島市城辺

最近、「なぜ、湧き水に関心を持つようになったのですか?」とよく聞かれる。

きっかけは、個人的な関心ではなく、ラジオの仕事で湧き水を取材する番組の担当になったことからだ。私は那覇生まれの那覇育ちで30歳の時にこの仕事を担当するまでほとんど湧き水を知らなかったし、樋から流れ落ちる湧き水のことを方言で「ヒージャー」というのだが、当時は「山羊」のことだと思っていた。

それからの10年間、月曜日から土曜日までの週6日間、毎日5分間放送される「多良川うちなぁ湧き水紀行」のパーソナリティーとして、文字通り寝ても覚めても「湧き水」のことばかり考える日々が続いた。ちなみに私は2代目で、初代パーソナリティーのごやかずえさんとふたりあわせると、15年間、785週にわたり沖縄県内の約600の湧き水を訪ねたことになる。

私たちは取材の中で湧き水を訪ね、人と出会い、本当にいい体験をすることができた。とても感謝している。

平岡敏子さんとは、15年前に初めて宮古島の取材でお世話になって以来、今も交流が続いている。

取材に行く際には、地域の湧き水についてお話をしてくださる方を探さなければいけないので、敏子さんには現地のコーディネーターのお一人としてお世話になった。紹介して頂いた湧き水はいくつもあるのだが、その中でも一番思い出に残っているのが、城辺友利のムイガーだ。

ムイガーは、ほぼ垂直の断崖80メートル下の海の側から湧き出る泉。ムイガーを利用した経験のある、当時97歳の上里マツメガさんと94歳の妹、友利カマドさんにムイガーを見下ろす崖の上に来て頂き一緒にお話を伺った。

マツメガさんは、水道がまだ引かれていなかった頃、干ばつの時にここに水汲みをしにきたという。急な崖を上り下りして水汲みをするのは大変だった。飲み水やお茶、お汁を作る水を一日2回汲みに行ったという。とても水質がよく味もよかった。洗濯物は頭に乗せて降り、石の上に広げ乾かしてから上がる。ついでに水浴びをしたそうだ。

妹のカマドさんは、ムイガーの悲しい伝説を教えてくださった。

昔、人々は戦やケンカがたえなかった。危険を感じた村人たちは、大きな赤牛を飼うことにした。みんなでエサをやり世話をすると、体は大きくなり、角も磨いてピカピカにした。数十

ムイガー

人の男たちでかかっても赤牛は負けないくらい強かった。ところが、ある日、力持ちの男が現れ赤牛の首をとり、胴体を海に投げた。今もムイガーの近くにある大きな石は、その赤牛の胴体だという。村の守り神だった赤牛が死んでしまい、絶望した村人たちは、この地を離れる決心をした。小舟に乗って海へ出、与那国島にたどりついた。その際、舟に乗ったのは大人だけ。子どもたちは置いていくしかなかった。歩ける子はさまよい崖から落ちて死ぬだろう。けれども歩けない子はそのままではかわいそうなので、穀物を入れる「マグ」（カゴのことらしい）に入れて、その時に咲いていた菜の花をおもちゃ代わりに持たせて置いてきた。なので、今でも小さい子どもに菜の花を持たせるのを人々は嫌う。そんなお話だった。

伝え話というのは、きっと後世に大切な何かを伝えたくて残されるものだと思う。何度もお礼を述べ再会することを願い、おふたりと握手で別れた。

翌日、帰り際、送ってくださるという敏子さんに案内されて、実際にムイガーに行ってみることになった。獣道を草木につかまりながら、足下の悪い岩場を降りた。間近で見るとよどみのない、本当にきれいな水だった。そばには簡易水道としてタンクがあり、目の前には大海原が広がっている。洗濯物を乾かしたまましばしこの海風に吹かれ、マツメガさんとカマドさんは穏やかな時間をすごしたのだろうか。赤牛の岩もすぐ目の前に見えた。

それから10年の歳月が流れ、ラジオ沖縄の開局50周年特番で再び宮古島へ取材に行くことになった。私はできることならマツメガさんとカマドさんに会いたいと思った。当時90歳を越えていらしたおふたりに会える確率はそれほど高くはないと思ったが、念のため連絡してみると、やはりふたりとも亡くなっていた。けれども当時同席していただいた甥の山里正一さんがお元気ということで訪ねた。80代になられた山里さんは当時のことをよく覚えていらっしゃり、思い出を語った。再会というのはこんなにもうれしいものなのか。「また遊びに来ますね」と心からそう思ってお別れするのだが、再会するチャンスはなかなかない。貴重なお話を聞かせてもらえるこの時間はまさに「一期一会」なのだと実感する。

個人的な生活史を聞くことが私はとても好きだ。私はこんなふうにいろいろ人に話を聞くチャンスに恵まれとても幸せだと思う。私から小さなアドバイスをすることができるのなら、どうかご両親やご親戚、近所の方など身近な人から、昔の話を聞いてほしい。その時間はきっとあなたの宝になるはずだ。

ヌクの湧き水

日本最西端の湧き水たち　与那国町

日本の最西端、与那国島を初めて訪れたのは20代の終わり。聞こえるのは波の音、風の音。とても静かな島の印象だった。

海底遺跡を見るためのダイビングが目的の友人とのふたり旅。ダイビングをしない私はひとり集落をぷらぷら歩いた。静かな島の印象とは対照的な色とりどりの派手な飾りのついた屋根が目に飛び込んだ。後できいた話によると「しびらんか」という棟上げの儀式だったようだ。異彩を放つ光景を映画のワンシーンを見送るように通り過ぎた。

当時は「老人と海」という映画のロケ地としても有名になった島で、久部良漁港に1メートル以上もあるカジキの水揚げも見に行った。「カジキ100％」のすり身で作ったかまぼこも「また食べたいなぁ」という味だった。他にも島に自生するコリアンダー（方言ではクシティ）を刺身とあえて食べるという食文化は台湾に近いことが影響しているなどとガチマヤーの私は興味津々なことばかり。そして、島の民俗資料館の館長である池間苗さんにお会いできたこともラッキーだった。苗さんは1919年生まれ。与那国の生き字引と言われる方で、昔の民具や生活用品をひとつひとつ丁寧に紹介してくださり、与那国に伝わる民話も伺った。その際に求めた『与那国の歴史』という本は苗さんのお父様である新里和盛さんと苗さんのご主人の池間栄三さんが残した原稿を苗さんがまとめたもので、宿で一気に読み終えたほど興味深い内容だった。

それから10年ほどたった頃、湧き水の取材で再び与那国島を訪れることになった。地域に詳しい崎原正吉さんに島の北側にある祖納集落の高台「ティンダハナタ」を案内して頂いた。風光明媚なその場所は標高85メートル。祖納集落を一望でき、その向こうになんた浜が広がっている。観光地としても人気のあるこの場所は、島の人たちにとっても馴染み深い所で遠足などは必ずここに来たという。

石灰岩の上に砂岩がひろがり横に地層が走るダイナミックな岩肌は男性的な島という印象を深くする。ここには「ヌクの湧き水」と呼ばれる清水があり、岩の奥から冷たい水が湧いていた。崎原さんは「ゆがいたそうめんをここに持ってきてよくここで食べました。昔は氷や冷蔵庫がなかったから、この冷たい水にそうめんをひたして食べるとなんとも言えないくらい美味しかった」と。他にもお酒を持ってきてこの水で割って飲むこともあったようだ。夏の暑さをしのぎ、また、仕事が終わってほっと一息ついたとき、この景色を眺めながら、冷たさがご馳走になるグルメを味わうというのは本当に至福の時だったのだろう。

島の南側にある比川にも足を延ばし、アンダ玉水という湧き水も案内してくださった。すぐそこまで海が迫る海岸端の岩の下から水が湧いている。砂岩から湧き出ているので水が甘く評判だったようだ。軟水なのだそうである。その当時、テレビドラマ「Dr.コトー診療所」のロケ地として観光客も多く訪れていたが、その後にある「アンダ玉水」のことはほとんど知られていないようだった。まぁ、たくさんの人が訪れるよりもひっそりとそこに湧き続けることのほうが大事なのかと思う。素朴な湧き水だったが、ちゃんと碑が立っているので地域の人たちに大切にされているのがわかる。旧暦3月3日の潮干狩りには多くの人が訪れるそうだ。アンダ玉水はゆるやかに海に注いでいた。

最後に案内していただいたのが、今でも与那国の水道水源として島全体を潤している田原川。『与那国の歴史』の本の中では「タブルガ」と紹介されている。標高231メートルの宇良部岳山麓から湧き出た水は川となり海へ注ぐ。田原川の流域はその名の示す通り全部田んぼである。島全体は水が豊富であり、干ばつはあったけれど水に困ることはなかったという。米が豊かに実り、美味しいお酒が生まれる島。与那国のことを「どなん」というが、その意味は「渡るのが困難」ということからきているようだ。孤島の島であるからこそ水は何よりも大切で地

ヌクの湧き水

アンダ玉水

域の人たちもそれをよく知っているのだろう。

翌日、10年ぶりに与那国民俗資料館を訪れ池間苗さんと再会した。湧き水のことを調べに来たというと、くばの葉で作った「チリ」と呼ばれる水汲み道具や水を運ぶ際、頭にのせるカブチ（沖縄本島ではガンシナ）を見せてくださり、「友達が来るとティンダハナタに冷やぞうめんを食べに行ったよ」と話してくれた。やはり誰にとっても「冷やぞうめん」は楽しい思い出のようだ。今でいう「カフェ」気分でおしゃべりに花が咲いたのだろう。お正月には朝一番に井戸の水を汲み、満潮の時に海の水を汲んで両方を神様にお供えし、8月の水祭りにはやはり水を汲んで……と取材のテープを改めて聞いていると、苗さんの言葉の響きは美しいリズムとなり、まるで水の流れのようにコンコンと私の心に注いでくるようだった。

私にとって湧き水を訪ねることは小さな旅にでること。そこには美しい自然とそこで暮らす素敵な人との出会いが待っている。

伊平屋村島尻
上之井戸

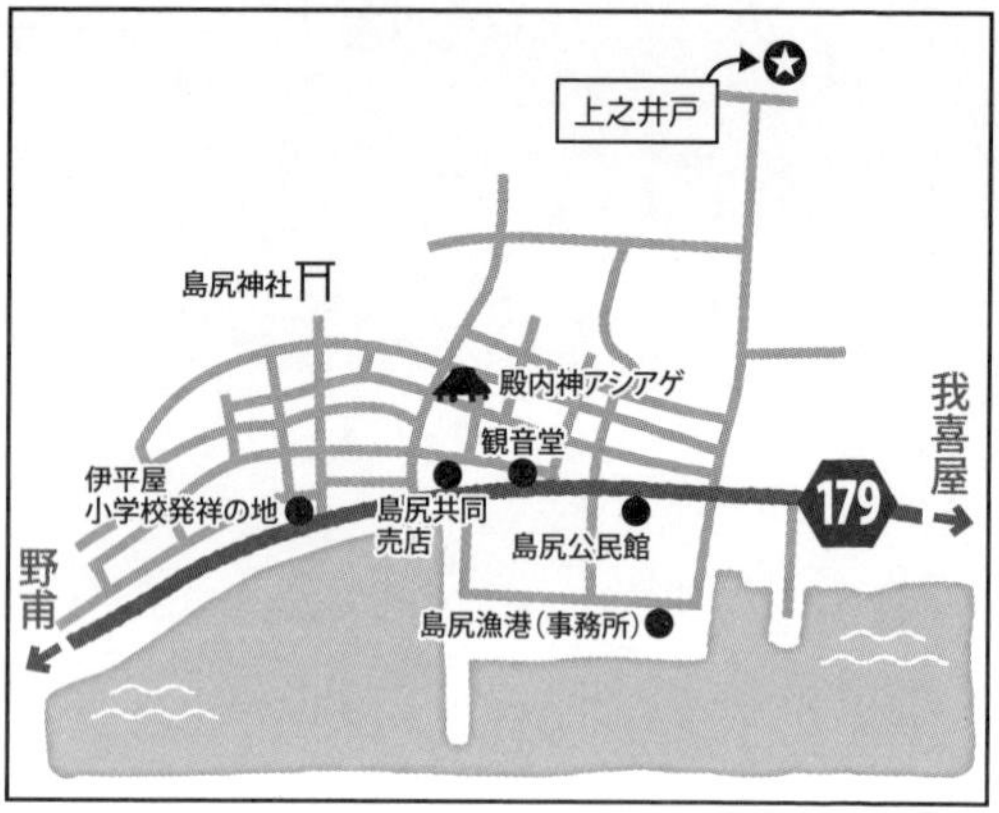

座間味村阿嘉
阿嘉ウフガー

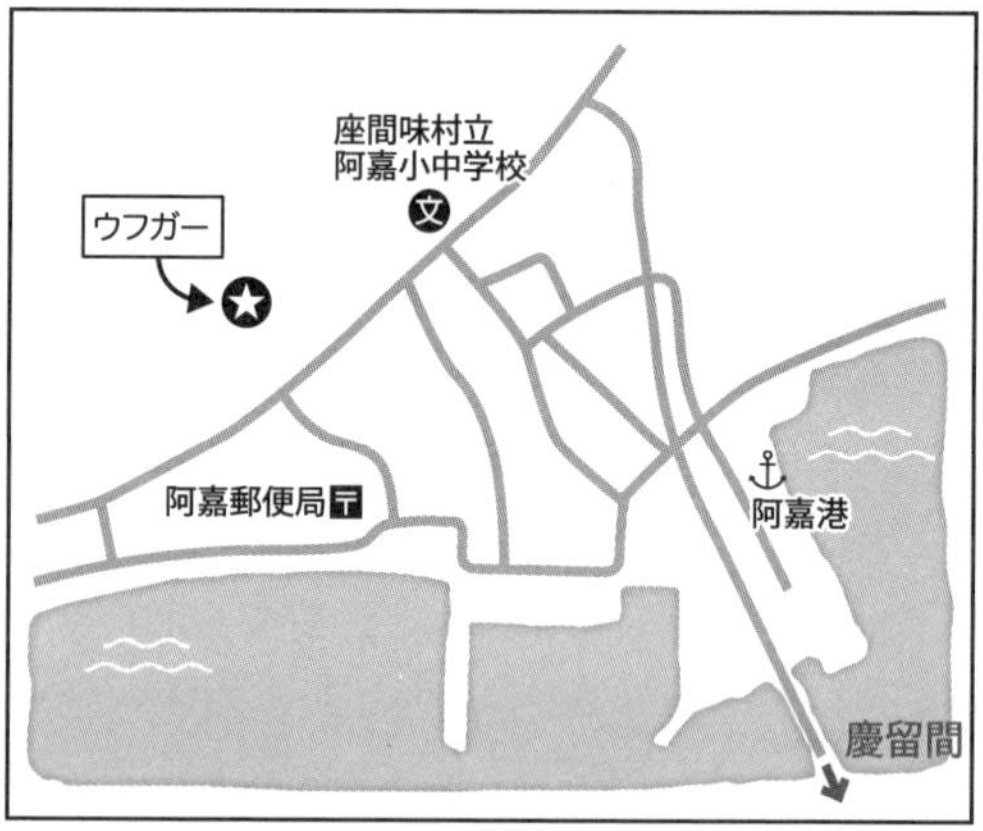

渡嘉敷村渡嘉敷
嘉手苅川

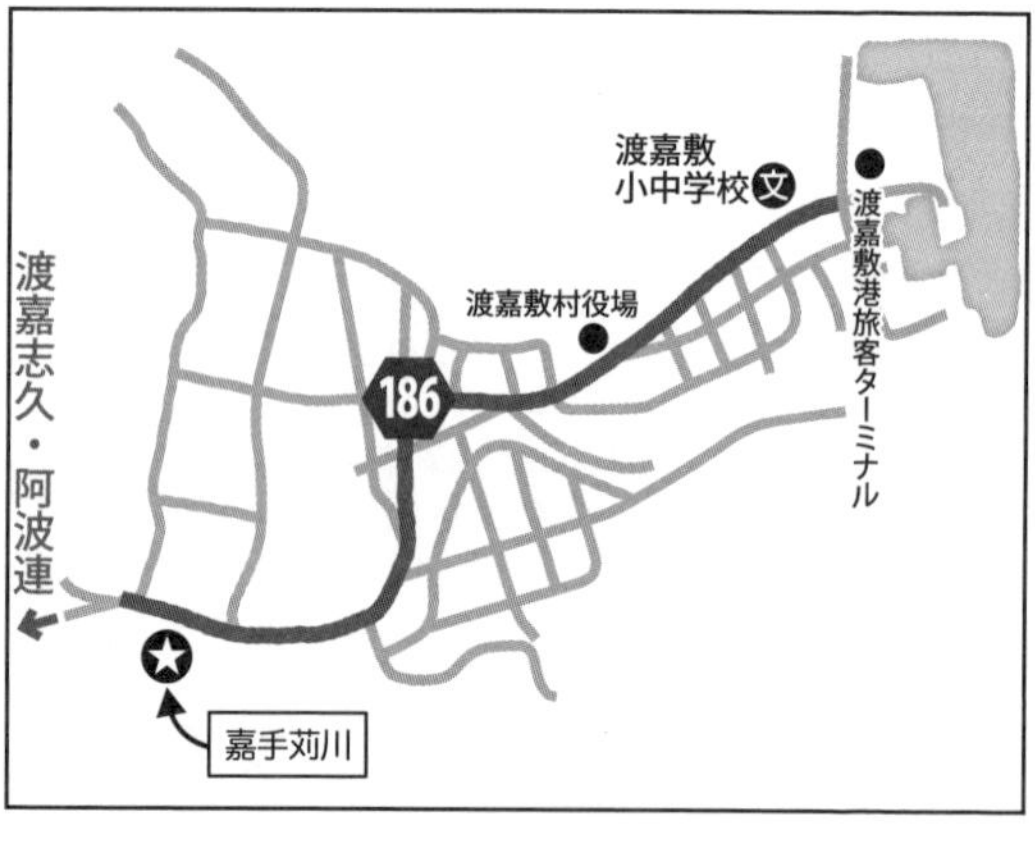

宮古島市城辺
ムイガー

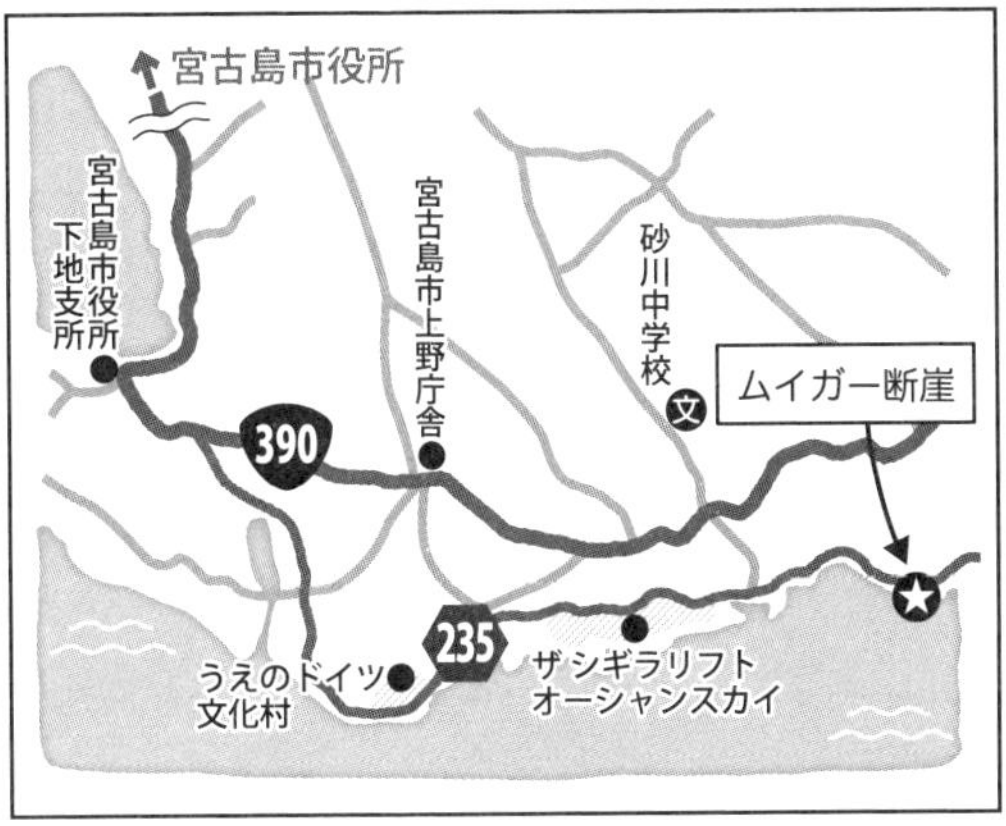

与那国町
ヌクの湧き水

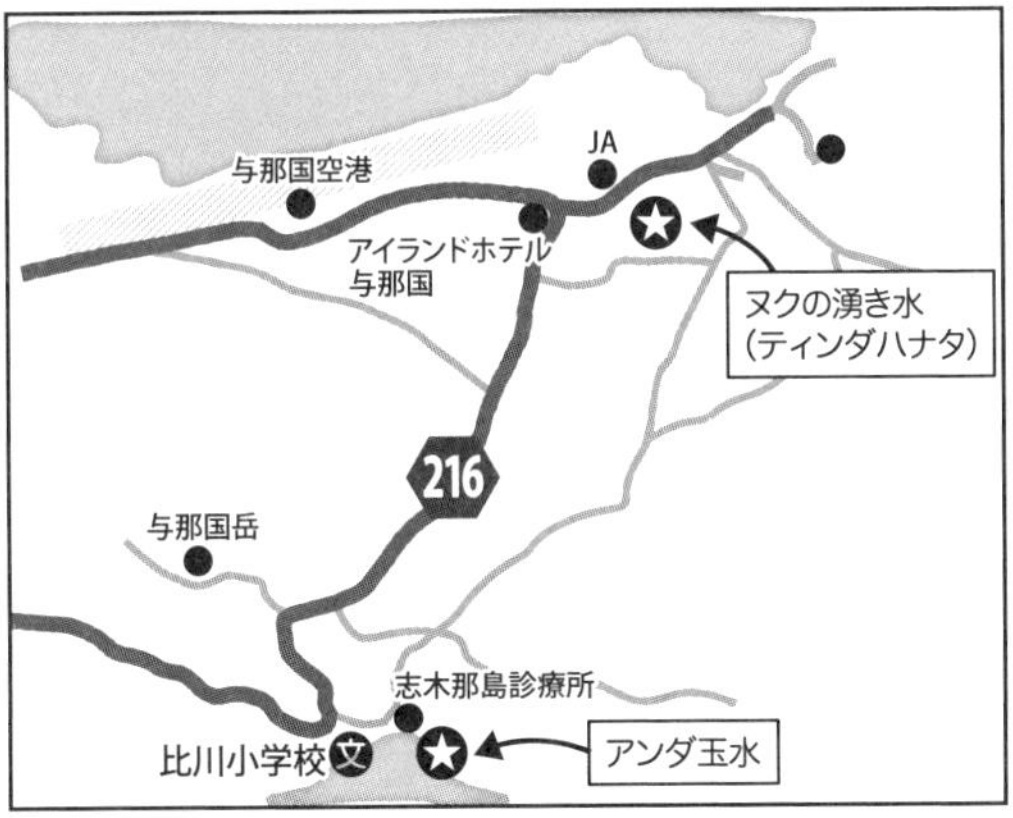

あとがき

先日、湧き水に関しての講師を引き受けたときの事。感想の中に「講師がとても湧き水が好きだということがよくわかりました」というものがあった。私が湧き水のことをとても好きだということを知ってもらいたかったわけではないし、もっと伝えたかったことがあったはずなのに……と思うのだが仕方がない。それは受講生の素直な感想なのだろう。

「湧き水のことを調べています」というと、「沖縄に湧き水ってあるんですか?」と聞かれることも多い。環境省が全国の都道府県・市町村を対象に平成26年度に実施した、「湧水に係る状況調査」の調査結果を踏まえて湧水把握件数についてまとめられた資料によると、沖縄県の湧水把握件数は939件で、全国47都道府県の中で4番目に多い。この数字は回答のあった市町村のみで、沖縄県内では約半分の市町村のデータが反映されておらず、その数を加えると1000をゆうに越えると推測される。他の都道府県も回答のなかった市町村があることを考えると、順位的には正確な数字ではないにせよ、沖縄県は湧き水が多い地域であることに違いはない。この本で取り上げたのはそんな沖縄の湧き水のごく一部である。

湧き水について書くことがあるのは情報収取にかかわるようになった30代からと思いきや、生まれた頃、いや生まれる前から私は湧き水に縁があることを知る。

私の父のルーツをたどると我が家は「湧田の具志《グーシ》」と呼ばれていた。湧田は現在の泉崎、県庁のある場所で水が豊富だった所。私が最初に住んでいた家は上泉という場所で、こちらも現在は泉崎になっている。同様に水にまつわる場所だ。それから幼少期には、いい環境で子育てをしたいという両親の思いから引っ越しまでして、入れてくれた保育園の名が「いずみ保育園」。その時に住んでいたご近所の方によく歌を教えてもらって歌ったのは「泉のほとり」という曲。小学校４年生の版画作成の時に題材に選んだのが、なぜか湧水をたたえた水前寺公園の和風庭園の写真（渋すぎる）。

これだけ重なると、私の中に地中深く潜在的に眠っていた水が、ラジオの仕事をきっかけにどんどん湧き出し、今もこんこんとつきることなく流れ出ているようにも思える。それがこの本の出版につながったのかもしれない。

これから更にどこへ流れていくのか……。自分でも楽しみである。

湧き水に関心を持つきっかけを作って下さった株式会社ラジオ沖縄の皆様、番組を応援して下さった株式会社多良川の皆様、多くの支援を頂いている浦添市及び浦添市教育委員会の皆様、湧き水fun倶楽部の活動拠点として場所を提供して下さっている沖縄県環境科学センターの皆様、共に活動を行っている湧き水fun倶楽部の皆様、不規則不安定な私の仕事を理解し支え、応援してくれた両親と妹、親戚、友人の皆様、日常的なサポートをいつも快く引き受けてくれる夫、そして、本を書きたいという思いを実現へと導いて下さったボーダーインクの新城和博様、湧き水に関する情報を寄せて下さった多くの皆様に、心より感謝を申し上げます。

豊富な湧き水がこれからもこの島々を満たし、多くの恵みをもたらしてくれますよう願いを込めて。

水も風も心地よい季節に　２０１６年10月　著者

著者プロフィール

那覇出身。浦添市在住。

1998年から2008年の10年間、ラジオ沖縄で放送された「多良川うちなぁ湧き水紀行」のパーソナリティとして、県内の約400カ所のカー(湧き水)を訪ねて取材。

番組終了後、2010年、湧き水に関する情報収集と発信を目的とした『湧き水fun倶楽部』を結成。代表として活動中。

おきなわ湧き水紀行

2016年11月18日　初版第一刷発行

著　者　ぐし　ともこ

発行者　宮城　正勝

発行所　㈲ボーダーインク
沖縄県那覇市与儀226-3
http://www.borderink.com
tel 098-835-2777　fax 098-835-2840

印刷所　株式会社 東洋企画印刷

ISBN978-4-89982-310-0

printed in OKINAWA Japan